生《せい》の書物

J・クリシュナムルティ

MAGNITUDE OF THE NIND: Talks in Sri Lanka 1980
by J. Krishnamurti

Krishnamurti Foundation Trust, Ltd., Brockwood Park,
Bramdean, Hampshire SO24 0LQ, England.
E-mail: info@kfoundation.org
Website: www.kfoundation.org
Japanese translation published by arrangement
with Krishnamurti Foundation Trust Ltd.
through The English Agency (Japan) Ltd.

もくじ

生は関係と行為である

コロンボでの講話１◎１９８０年11月８日

私たちは、ともにじっくりと話し合おうとしています――二人の友として、私たちの日々の生活の問題についてです。よく気をつけて、ためらいながら、賢明にそれに入るには、世の中〔または世界〕において何が現実に起きつづけているのかを、見わたさなければなりません――〔すなわち、〕この島だけではなく、ヨーロッパ、アメリカ、中国、ロシアとインドにおいても、です。世の中には、大変な混沌、無秩序があるのです。社会は断裂・腐敗しており、不道徳的なのです。大変な不正義があります。貧困があります。すべての国家・民族が戦争のために準備をしています――宗教の名において、経済の名において、彼らの自国の生存の名において、互いに殺し合おうとしています。彼らは、彼ら自身の安全〔保障〕のために、すすんで互いに殺し合おうとしているのです。この国には、宗教的な分割があります。(註1)あなたたちには、小乗と大乗(註2)とがあります。インドには、無数の神々、分割があります。キリスト教にもまたたくさんの分割があります――〔すなわち〕カトリックとプロテスタントと、他の様々な宗派です。国家的・民族的、宗教的、経済的な分割が、世界中にあるのです。インフレ、人口過剰、貧困があるのです。技術工学をもった国家主義・民族主義は、人を破壊しようとしています。これらは事実です。これらは、語り手の見解や観念ではないのです。

それで、外的に、何が人の条件・状況なのでしょうか―抽象化〔された概念〕における人ではなく、抽象的な観念としてではなく、あなたと私と他の人です。何が私たちの条件・状況なのでしょうか。人と社会との間の関係を理解することが重要であると、私は思います。今、存在しているような社会は、断裂・腐敗しています。たくさんの不正義があるのです。私たちは、〔適切な政府により〕適切に統治されていません。この社会は、人によって造り出されるのです―あなたによって、私たちによって、多くの曾祖父たちなどによってです。この社会は、人により造られたのです。ですから、それは完全に根本的に改変できるのです。社会の改変は、いつも人の夢であったのです。それについて、たくさんのことを語った哲学者たちがいたのです。どんな社会があるべきかについて、何冊もの書物を書いたのです―古代〔の時〕より現代〔の時〕までです。西洋には、〔幾つもの〕革命[註3]がありました―〔すなわち〕フランス革命、ロシアの共産主義革命です。世界は、革命が環境的な変化をもたらすよう、待ちのぞみ、格闘し、働きました。共産主義者たちは〔今も〕それをしています。社会主義者たちと、その他の左の人たちです。そして、右の人たちは彼らなりのやり方でそれをしています。この物理的な革命は、大きな変化を生み出したことがないのです。これらもまた事実です。彼らは今や、一組の階級制度を持っています―一組の新しい豊かな人々、一組の新しい権力ある専制主義の人々を、〔持っているの〕です。社会の行動様式はいくらかは変化したのです。しかし、本質的にそれは、何千年もをとおしていつもありつづけたように、あったのです。

これらすべてを観察するなかで、私たちは究明し、探検しようとしています――なぜ私たちは〔今〕生きているようにその道を生きるのか、なぜ人間たちが退廃してしまったのかを、です。私たちは、〔諸々の〕理論、信念、教義について話していません。ともに私たちは、そこで私たちが生きる〔ところの〕社会を、見つめようとしています――それについて何をすべきかを、です。それで語り手は、それについて話をしています。あなたについて話をしているのです。彼は、別の何かについて話していません。あなたについて話をしています――すなわちあなた〔について〕です。そういう人間〔すなわち〕何千年に何千年もとおして生きてきた〔人間〕、たくさんの経験をとおして進化してきて、たくさんの知識――技術工学と心理とのどちらの知識をも持っているものが、なぜ現代のこの混沌、悲惨、混乱の状態へ帰してしまったのか〔について〕、です。それがとても明らかであることを、私は願っています。私たちは、どんな理論についても話していませんし、どんな種類の宣伝をもしていません。私たちはともに、じっくりとあなたについて話し合っているのです――あなたは、〔あなた以外の〕その他の人類です。人類は苦しみます。世界の〔一人の〕人間は、どこに生きていようと、苦しみます。たくさんの心配・切望、大きな不安定、常なる格闘を経ます――彼自身の内だけではなく、外的にもです。彼は、大きな恐れ、憂鬱《ゆううつ》、不安定さを持っています――あなたと同じようにです。ですから、私たちは人類です。あなたは人類です。それを聞いていただきたいのです。

ご存じでしょう、聞くことは、大いなる芸術・技術です。それは、私たちが養成してこなかった大いなる芸術の一つです――すなわち、他の一人に完全に聞くこと、です。あなたは、そう完全に他の一人〔の声〕を聞くとき、あなた自身をもまた聞いています。あなた自身の〔諸々の〕問題、あなた自身の〔諸々の〕不安定、あなたの悲惨、混乱、あなたの安全への願望を、聞いているのです。私たちは、ともにじっくりと話し合っています――人間たちが何であるのかを、です。〔人間〕すなわち、あなた〔が何か〕です。ですから、あなたは心理的に世界です。そして、世界はあなたです。あなたは、黒い髪、いくらか褐色の顔をしているかもしれません。他の人たちは、より背が高く、より色白で、青い瞳を持っているかもしれません。しかし、人間たちは、どこにいようとも、どんな気候風土においても、どんな境遇においても、この騒動すべて、生の騒ぎを経てゆきます――あなたと同じように、です。草の葉や、花の咲くのを、まったく見ることなしに、です。それで、あなたと私と他の人たちが世界です。これは理論ではないのです。これは何かあなたが信ずべきことではないのです。あなたは世界であるし、世界はあなたであるということは、事実です。あなたが〔今〕それを聞いていることを、私は願います。その種類の発言――〔すなわち〕あなたは世界であるし、世界はあなたであるというのを聞くことは、たぶんとても奇妙に、非論理的または非現実的に聞こえるかもしれません。それで、あなたは部分的に聞くし、私が他ののごとについてもっと多くを話しつづけるであろうことを願うのです。〔すなわち〕あなたは現実にはけっして何ごとの真理をも聞きません。要望してもよろしければ、聞いていただきたいのです――語り手だけでなくあなた自身をも聞く――あなたの〔考える〕精神に、あなたの〔感じる〕心に、あなたの〔諸々の〕応答などに、何が起こっているのかを、聞くのです。そのすべてを聞いてください。鳥たちを聞く。車が過ぎゆくのを聞く――そのため、あなたは敏感で、生きて、活動的になるのです。

私たちの頭脳は、とても多くの幾千年もの時の結果です。その頭脳、その人間精神は今そんなに条件づけられています――恐れによって、心配・切望によって、国家的・民族的な誇りによって、言語的制限〔作用〕によって、です。そのため、疑問は、どのようにしてこの世界に異なった社会をもたらすのかということです――そのなかで、あなたは、〔自己以外の〕残りの人類である人間として、根本的に変化できる〔ところ〕の〔社会を、〕です。それが本当の主題です――どのように戦争を防止するかではないのです。根源的な主題はこうです――人間の精神、すなわちあなたの精神、あなたの心、あなたの条件・状況にとって、それが、全的に、根源的に変容されることは、可能なのでしょうか。さもなければ、私たちは、お互いを破壊しようとしています――私たちの国家的・民族的な誇りをとおし、私たちの言語的制限〔作用〕をとおし、政治家たちが自己の利益などのために維持する私たちの国家主義・民族主義をとおして、です。それで、私はこの点をとても明確にしたことを願っています。それはこうです――あなたは、〔自己以外の〕残りの人類である人間として、変化することが可能なのでしょうか。あなたは疑問を理解するでしょうか。私たちは変化することを言います――それは何を意味するのでしょうか。これから何へ変化するかを、訊ねます。あなたがその疑問を訊ねるなら――あなたはそうしなければなりません――そのときあなたは、あるべきもの〔こと〕を投影しています。これはとても深刻な事態です。それは、言葉や理論の知的な交換ではないのです。私たちは〔諸々の作用の〕現実を取り扱っています。

現実は、世の中に、そしてあなたに〔今〕起こっていることです。よろしいですか。

まず最初に、西洋には、そしてたぶん東洋には、人は根源的に変化できないと言う、様々な人々の集団があるのです。人は幾千年の間、この道を生きてきた。そして彼の条件・状況を変化させることは不可能である。あなたはそれを修正できる。それをいくらか変化させられる。しかし、人間の条件・状況はそれである。彼は決して変化させられない、と〔言うのです〕。そして〔他方には〕、境遇を変化させなさい、社会的構造を変化させなさい。そのとき、人は力ずくで変化せざるをえないであろう、と言う人たちがいるのです。それが、共産主義者たちのしつづけていることです。外的な構造を、経済、社会などを変化させなさい。そのとき、それらの条件・状況に生きている人は、変化するだろう、と。それから、自分たちは神への信仰を持っている、と言う人々がいます――信念が大きいほど、あなたの〔諸々の〕問題の解消は大きい、と〔言うのです〕。これらすべては、何度も何度も違った形、違った名で、試されてきました。しかし、人は幾千年をとおして不道徳なままにとどまってきました。人は、ほとんど同じままにとどまってきました――あなたは苦しむ、あなたは心配・切望する、あなたはさびしい、不安定、不安全などであるという意味において、同じです。これら事実を事実として認知するとき、疑問は、人は何をすべきであるか、ということです。

私たちはともに、語り手があなたの前に置きつつある鏡を、覗き込んでいるでしょうか――あなた自身である鏡を、覗き込んでいるでしょうか。私たちが言っていることは、人の振るまい、彼の無数の騒動、彼の日常生活、他の一人との関係などについて、です。そのすべてがひじょうに明らかであり、深く理解されないのなら、冥想はいかなる意味をも持ちません。私たちの家は秩序だっていません。家は、あなたを意味しています。[註4] あなたは秩序だっていません。あなたは冥想しようとします。禅やチベット〔仏教〕やブッダやヒンドゥー〔教に応じて〕か、または誰か他の導師《グル》の最新の冥想の考案物に応じてです。そのときあなたの冥想は、幻影に通じています。それは真実ではありません。真実であるのは、私たちが正しい基盤を敷くことです―すなわち、私たちの生における秩序です。今、私たちは無秩序の生活を生きます。私たちは矛盾〔の状態〕に生きます。私たちは一つのことを言って、〔もう一つの〕他のことをします。私たちは何か〔の存在〕を信じて、正反対のことをするのです。あなたは何かの種類の神を信じています―または、あなたの神がいかなるものであってもです。そして、その信念は、私たちの日常生活において真実を持ちません。あなたがキリスト教徒や仏教徒であろうと、または、あなたがいかなる宗教に所属していようと、です。それら信念、教義、格言、〔宗教上の〕認可は、私たちの生において、作用する日常的な真実を持ちません。それで、あなたはそのすべてを脇へ払いのけられるのです―あなたの宗教的な教義、信念、概念、イメージすべてを払いのける。何か空想上のロマンチックなイメージをとおして逃避するのではなく、あるがままの生に向かい合うのです。おそらくあなたたちの何人かは、このすべてに反対するでしょう。あなたが反対するなら、私はうれしいです。それは、少なくとも私たちがともに考えていることを、意味しています。単に反対するのではなく、見出してください。執拗に問うことは、人の生存にとって本質的です。問うてください―語り手〔を問う〕だけでなく、あなたの信念を、あなたの生き方を、なぜあなたがこのように考えるのか、なぜあなたがこのように生きるのかを、です。永続的に執拗に問うことは、疑うことを意味していて、たいへんに重要なのです。なぜなら、あなたが疑うなら、それはあなたにものすごいエネルギーを与えてくれるからです。あなたは〔諸々の〕重荷を投げすてはじめます――すなわち、人が、すなわちあなたが、司祭者たち、分析者たち、心理学者たちと他の人たちが、あなたに課してきたものを、〔投げすてはじめるの〕です。あなたは心理的に自由になりはじめます――少なくともいくらかはです。

私たちは人間の精神を究明しています――何千年に何千年をもとおして進化してきた精神を、です。今私たちは、自らの愚かな国家主義・民族主義によってお互いを破壊しようとしている〔一つの地点〕、または、生存しようとしている一つの地点に、やって来ました――〔すなわち〕司祭者たちの観念の重荷なく、自由な人間たちを再生するという意味において、生存するのです。誰も私たちを救おうとしていません。司祭者も、科学者も、政治家も、経済学者も、環境〔保全〕主義者も、です。人類を救うであろうものは、あなたです――あなたがあなた自身を変容するのです。ですから、それにゆっくりと入ってください。

まず最初に、生は関係における動きです。関係なしにあなたは存在できません。生は関係と行為です。私たちのいう関係は、どういう意味でしょうか。それは重要です。なぜなら、人は自分自身〔だけ〕では生きられないからです。人はいつも何ものかか他に関係しています。彼は、他の一人の人間に関係しています。または、観念や概念やイメージに関係しています。しかし、そのすべては、あなたと他の一人との間の関係です。では、他の一人とのあなたの関係は、何でしょょうか。それは問題の一つです。なぜなら、他の一人との私たちの関係が、どんなに親密であろうとなかろうと、この社会を、造り出したからです —そこに私たちが生きる〔ところの〕ものを、です。あなたは貪欲で、妬み、暴力的であるなら、暴力と妬みのこの社会を造り出すでしょう。あなたはまさに始めからとても明瞭であり、何が関係であるのかを見出すのでなければなりません。他の一人との関係は何でしょうか。あなたの関係は、何に基づいているのでしょうか — それが、あなたの妻と〔の関係〕、あなたの隣人と、あなたの政府などと〔の関係〕であろうと、です。関係なしに人は存在できません。

生は関係と行為です。これら二つは人にとって根源的です。他の一人との現在の私たちの関係は、何でしょうか。あなたの妻との関係は何でしょうか。または、妻の夫への〔関係〕、または仏教の司祭者への〔関係〕、ヒンドゥー教の司祭者への、またはキリスト教の司祭者(註5)への〔関係〕は、です。あなたは、それをくわしく検討するとき、あなたの関係は〔諸々の〕イメージ・像に基づいていることが、分かるでしょう — 〔すなわち、〕あなたが神について築いてきた〔イメージ〕、仏陀について、あなたの妻について、あなたの妻があなたについて〔築いてきたイメージに〕、です。それは事実です。よろしいですか。男はその妻についてイメージを造り出すし、妻は彼についてイメージを造り出すし、関係はこれら二つのイメージの間にあるのです。これらイメージは、日常の接触をとおして築かれます — セックス、苛立ち、慰めなど〔をとおして〕です。一人一人が、他の一人について自分のイメージを築いてきました。彼はまた自己についてイメージを持ちます。彼はまた、神について、彼の宗教上の神(註6)についてイメージを持ちます。あなたがイメージを造り出すとき、そのイメージには安全があります—どんなに偽りでも、どんなに非現実でも、どんなに狂気でも、です。そこに、精神は安全を造り出しました。あなたが妻について〔イメージを〕、または妻があなたについてイメージを造り出すとき、イメージは現実〔の作用〕ではありません。現実〔の作用〕とともに生きることは、はるかに難しいのです。あなたが持つイメージとともに生きることは、はるかに易しいのです。ですから、あなたの関係は〔諸々の〕イメージの間にあります。ゆえにそもそも関係はないのです。キリスト教徒はイメージを崇拝します。[註7] そのイメージは、幾世紀をとおして造り出されます—〔すなわち〕司祭者により、「私は安全が必要だ。私は見守ってくれるであろう誰かが必要だ。私はめちゃくちゃ〔な状態〕だ。私は混乱している。私は不安全だ。イメージに私は安全を見つける。」と言う崇拝者によって、〔造り出されるの〕です。私たちはイメージの崇拝者になったのです。真理の崇拝者ではなく、〔道義的に〕正しき生の崇拝者ではなく、〔諸々の〕イメージの崇拝者に、です。〔すなわち〕その旗をともなった国家的・民族的なイメージ、あなたが科学者について、政府などについて持っているイメージ〔の崇拝者〕です。イメージを作ることは、人間の欠陥の一つです。そのとき、何についてもイメージを持たないことは、可能でしょうか—〔すなわち、諸々の〕事実とともにただ生きることは、です。事実とは〔今〕現実に〔作用として〕起きていることです。

　なぜ精神はイメージを造り出すのでしょうか。生はイメージではありません。生は不幸にも闘争です。生は常なる葛藤・抗争です。葛藤・抗争はイメージではありません。それは、〔今〕起きている事実です。しかし、なぜ精神はイメージを造り出すのでしょうか。イメージは、象徴、概念、結論、観念を意味しています。これらはすべてイメージです――すなわち、私は〔今〕これではないが、私は〔いつかできれば〕あれでありたいと思うのです。それは、時のなか精神により投影されたイメージです――すなわち、未来においてです。ですから、それは非実在です。実在するものは、今、本当にあなたの精神において起こっていることです。私たちは訊ねています――なぜ精神はイメージを造り出すのでしょうか。それは、イメージに安全があるからでしょうか。まず最初に、あなたはあなた自身について何のイメージをも持たないでしょうか――〔すなわち〕自分は偉い人である、または自分は偉い人でない、自分はただそれだけである、などとです。あなたは、イメージとともに生きるなら、幻影とともに生きています――真実とともにではありません。では、イメージ作りの機構は何なのでしょうか。組織され、承認された、体裁のいい宗教すべては、いつも何かの種類のイメージ・像を持っています。そして人は、司祭者の助けでもって、いつも象徴、観念、概念などを崇拝してきたのです。その崇拝に彼は慰め、安泰、安全〔保障〕を見つけます。しかし、イメージは思考の投影です。そして、それの本性、〔すなわち〕イメージ作りの過程を理解するには、あなたは考える過程全体を理解しなければなりません。

では、考えることとは何でしょうか。イメージ作りは人の習慣でありつづけたことを、私たちは言っていました――特に宗教の世界においてです。人は彼自身についてもまたイメージを持っています。そして、私たちは訊ねています――なぜ精神は、あなたの精神は、イメージを作るのでしょうか。それは、イメージに安全があるからでしょうか――〔その安全が〕どんなに偽りであっても、です。イメージは何の実在性もなくて、幻影であるけれども、人は見たところ安全を探し求めます。イメージ作りは人類にとって共通ですが、〔イメージ作り〕それを理解するには、何が思考、考えること〔であるか〕と、思考の本性であるかという疑問に、入らなくてはなりません。思考が〔かつて〕自然を造り出したことはありません。トラ、川、驚くべき樹々、森と山々、陰と、大地の美しさ―人が、それを造り出したことはありません。しかし、人は思考をとおして、破壊的な戦争の機械・機構を造り出してきました。人はまた、偉大な医学的、外科的治療の改良をもたらしてきました。思考はたくさんの善と、たくさんの害とに責任があったのです。それは事実です。そして、思考がいったいこれらの問題のどれでも減少させる能力があるのかどうかを、真剣に探究したい人は、訊ねなければなりません―〔すなわち〕私たちは、何が考えることなのかを私たち自身で見出すほどに、その気があり真剣であるのかどうかを、です。

考えることは記憶の応答です―〔記憶は〕頭脳に知識として蓄えられたのです。知識は経験から来ます。人類は幾千もの経験をしてきました。すなわち、それからたくさんの知識を派生させてきたのです―〔それら知識が〕事実でも、幻想でも、です。その知識は記憶です。頭脳に蓄えられます。そして、あなたが疑問を訊ねるとき、その記憶の応答が思考です。これは事実です。あなたはこれをあなた自身で見出せます。すなわち、あなたは経験をします。あなたは、経験―すなわち知識―を憶えています。記憶をともなったその知識が、思考を投影します。これは明らかでしょうか。あなた自身をのぞき見てください。あなたは経験を、知識を持たないならば、考えられません。それで、経験、記憶をとおした知識は、挑戦に応答します―すなわち、思考です。その思考をもとに私たちは生きます。知識はいつも制限されています。何についても完全な知識はありません。これは事実です。思考はいつも制限されています。思考はどれほど美しかろうと―〔たとえば〕大聖堂、驚くべき彫像、偉大な詩歌、偉大な叙事詩など、です―知識から生まれた思考は、いつも制限されているにちがいありません。なぜなら、知識はいつも不完全であり、知識はいつも無知の影〔の中〕にあるからです。ですから、思考はこれらイメージを造り出してきました。思考はあなたと妻との間のイメージを造り出してきました。思考はその技術工学をともなった〔民族〕国家の観念を造り出してきました―すなわち、〔今〕世界を破壊しつつあるなどのものをです。

今、私たちは訊ねています―唯一つのイメージもなく日常の生を生きることは、可能でしょうか。ここからあなたの家へ帰るには、思考が機能しなければなりません。あなたは知識を持たなければなりません―〔例えば、〕家がどこにあるのか、採る道など、です。その知識は存在しなければなりません。さもないと、あなたは完全に迷ってしまいます。言語を話すための知識は必要です―〔今しているように〕語り手が英語を話すためなど、です。しかし、そもそもイメージを造り出すことは、必要でしょうか。私たちは唯一つのイメージもなしに生きられるでしょうか。それは、信念なく、理想なく、概念なく、という意味です―すなわち、すべて思考の投影物であるもの〔なく生きるの〕です―それは、混沌の生を生きるという意味ではありません。ゆえに、訊ねなくてはなりません―〔すなわち〕すべての境遇において正確である行為があるのでしょうか。私たちは同じ小道を歩みつづけているのでしょうか。それとも、語り手は彼一人で歩んでいるのでしょうか。みなさん、私たちの精神は〔今〕退廃しつつあります。機械的になりつつあり、流れの中で〔失われ、〕迷っています。それで、若者[註8]もまた迷いつつあるのです。あなたは、仕事を持つかもしれません。家を持つかもしれません。すべての種類のものごとを持つかもしれません。しかし、内的にあなたは〔失われ、〕迷っています。あなたは不安定で不明瞭です。あなたは、何を信ずべきかを知りません。その理由のために、思考の充分な意義を理解しなければなりません。私たちは思考をもとに生きてきました。私たちのすることすべては、思考に基づいています。そして、思考は不完全であるので、私たちの生は不完全です。私たちは、完全性の感覚を与えてくれるであろう何かにおいて、〔生〕それを満たそうとします。それで、私たちの生は常なる闘争です。そして、私たちは言っています――「この葛藤・抗争、この戦いを終わらせなさい」と。私たち自身においてと外的に〔それらを〕です。あなたがあなた自身を理解するときだけ、それは終わりうるのです――誰か司祭者に従ってではなく、誰か心理学者や誰か〔大学〕教授に従ってではなく、鏡においてあなた自身を見つめるのです。鏡はあなたの関係です。それは、あなたがあなた自身を研究できる鏡です――あなたは何なのか、なぜあなたはいるのか、なぜあなたはこれらのことを考えるのか、なぜあなたはその仕方で振る舞うのか〔を、研究できる鏡〕です。あなたはその鏡において、あなたの関係すべて、答えすべてを、見出します。あなたは人類の歴史です。あなたは人類の物語[註9]です。あなたは、そこにあなた自身についてすべてを読める書物です――どんな案内もなく、どんな司祭者もなく、どんな導師《グル》もなく、どんな哲学者もなく〔読めるの〕です。あなたは、よく気をつけて読まないならば、あなた自身であるその書物を、読めません――〔すなわち〕あや（ニュアンス）すべて、続く活動を聞くの〔でないならば、〕です。

あなたはいつも、常なる戦い〔の状態〕にある――いつも苦しみ、いつも恐れているでしょう。ですから、智恵ある熱心な人は、人類の物語を読んでしかるべきです――すなわち、あなたの物語を、です。その物語はイメージではありません。〔イメージ〕それは〔物語〕それの部分です。あなたは見なくてはなりません。それは、あなたがよく気をつけて聞かなくてはならないという意味です――〔すなわち、諸々の〕あなたの思考を、あなたの反応を、あなたの不安定さを、あなたの不幸せを〔聞くの〕です。見出してください。そこに答えがあるのです。しかしあなたは、聞くことの芸術・技術を学ばなくてはなりません――それは、あなたが読むこと、見えることを解釈するのではなく、観察することです。どんな歪曲もなく、ただそれを見守るのです。

あなたはかつて雲を見守ったことがあるでしょうか。あるにちがいありません。この国〔スリランカ〕は雲で満ちています。あなたはかつてそれらを見守ったでしょうか。それらはあります――雄大で壮麗であり、それらの中にとてつもない光と美しさをともなっています。あなたは、一つのものを見守るとき、いつもそれに名づけています。まさに名づけることこそが、見守ることを防止します。私たちの精神は言葉の奴隷になってしまいました。言葉は計量です。そして、あなたが計量なしに観察するとき、ものごとはあるがままに正確に見えるのです。それで、あなた自身を見守ること、あなた自身があるがままに正確に見えること、何の歪曲もなく、何の方向づけもなく、何の動機もなく、ただそれを見守るのです。あなたはその発言を聞きます。そのときあなたは訊ねます――「どのようにそれをするかを言ってください」と。あなたは「どのように〔するか〕」の疑問を問うとき、なぜそういう疑問を問うのでしょうか。あなたは、私が言っていることを理解しますか。私は発言しました―〔すなわち〕何の方向づけもなく、何の動機もなく、あなた自身を気をつけて見守る〔なか〕、聞くなかで、人類〔の物語〕―すなわちあなた自身の物語―を読みはじめるということを、です。それが本当の教育です。単に学位や他のものごとの知識を取得するだけではないのです。本当の教育はこれです―人類〔の書物〕、すなわちあなたの書物において、あなたの生を読むことです。その書物を読むには、あなたはあらゆる反応、あらゆる思考を、見守らなくてはなりません―すなわち、こんなにすばやく変化しつつあり、一つの思考が他の一つを追求しつつあるのを、です。ただそれを見守らなくてはなりません―それを制御しようとするのでなく、それを支配しようとか、脇に押しのけようとするのでなくて、です。そのときあなたは、それをするのはとても難しい、と言うでしょう―〔すなわち〕方法です。あなたが「どのように〔するか〕」を訊ねるとき、そこには何が含意されているのでしょうか。あなたは、どのように書物を読むかを、知りたいのです。子どもは、〔英語圏では〕アルファベットを学ばなくてはならないので、アルファベットをどのように読むかを知りたいのです。それで、彼は気をつけてゆっくりとａｂｃｄなどをどのように読むかを、やりぬきます。〔しかし〕ここには「どのように〔すべきか〕」〔という方法〕がありません―ただ見守るだけです。あなたは、「どのように〔すべきか〕」を訊ねる瞬間、体系、方法を求めます。そのときあなたは、自分自身を理解するために、方法、体系を実践します。あなたは、実践しているとき、機械的になろうとしています。あなたはあなた自身、生きているものです。生きているものは、体系をとおして理解できません。あなたは、それを見守り、それとともに動き、それを理解しなくてはなりません。それは、多くの人々にとってすることがとても難しいのです。ゆえに、彼らは言います――「手早くそれをどのようにするかを言ってください」と。このすべてにとって、手早い道はないのです。あなた自身〔について〕の辛抱づよい観察だけがあるのです――〔すなわち〕あなたの観念、見解〔についての観察〕です。それはあなたの部分です。あなたの見解を観察してください。それで、あなたには、たくさんの辛抱、たくさんの注意が要るのです。それは、興味・関心を必要とします。(註10)

〔講話１・訳註〕

註１）スリランカの民族、宗教については、訳者の後書きを参照。

註２）釈迦牟尼仏の入滅後、僧伽（仏教教団）が分裂してから、幾つかの部派が成立し、その幾つかが大乗経典をも信奉するようになった。その中で、万人の救済を目標とした「大乗（大きな乗り物）」との対比において、自利の解脱のみを目標とした個々人の修行が、批判的に「小乗（小さい乗り物）」と呼ばれた。本来、大乗仏教における実践者たちの自己批判を込めた概念であるが、やがて大乗経典を受容するかしないかなどの意味合いも生じた。現在のスリランカ仏教もそうであるが、

初期経典と紀元前後までの増広を中心としたパーリ仏教の伝統においては、大乗経典は受容されていないし、大乗、小乗という概念も無い。

註3）revolution は、語源的に「反逆」である。他方、「革命」という言葉は、易姓革命というシナの政治体制に関する古い概念に由来する。すなわち、古い王朝が徳を失ったとき、天が命を革めて、異なった王朝に交替する、というものである。

註4）The house means you are not in order.（家はあなたが秩序立っていないことを意味しています）とあるが、不自然である。www.Jiddu-Krishnamurti.net（以下、書き下ろし版）の our house is not in order - the house means you - not in order, より翻訳した。

註5）priest は各宗教において神や最高のものとの仲介者となり、儀式を遂行する人物、すなわち僧侶、神父、修道士、牧師、法学者などである。

註6）duty（義務）とあるが、文脈より書き下ろし版の deity（神、神格）を採る。

註7）キリスト教、イスラム教、ユダヤ教などセム的一神教において、イメージすなわち偶像の崇拝は神の冒涜であり、禁忌である。また、造り出すこと、創造は、本来、唯一の神により最初に為されたことであるとされている。

註8）the house is getting lost（家は失われつつある）とあるが、書き下ろし版の and that is why the youth is getting lost より翻訳した。

註9）history（歴史）はラテン語 histor（知ること）に由来し、story（物語）と同語源である。

註10）書き下ろし版には、「それは、あなたがありのままのものごとに不満であることを、必要とします。」とある。これは削除しないほうが良さそうである。

生《せい》の書物

コロンボでの講話2◎1980年11月9日

人類の物語が、あなたにあります。広大な経験、深く根づいた〔諸々の〕恐れ、心配・切望、悲しみ、楽しみと、人が幾千年もの間じゅう蓄積してきた信念すべて、です。あなたがその書物です。それは、どの出版者によっても印刷されません。それは売り物ではありません。あなたは、どの分析者〔のもと〕にも行けません。なぜなら、彼の書物は、あなたの〔書物〕と同じであるからです。あなたは、気をつけて、辛抱づよく、ためらいつつ、その書物を読むことなしに、私たちがそこに生きる〔ところの〕社会を、変化させることはけっしてできないでしょう――〔すなわち〕断裂・腐敗していて不道徳である社会を、です。たくさんの貧困、不正義などがあるのです。誰でも真剣な人〔であるなら、彼〕は、現在の世界にあるようなものごとに、関心を持つでしょう――〔すなわち〕すべての混沌、断裂・腐敗、戦争に、です。最大の犯罪、すなわちそれが戦争です。私たちの社会とその構造に、根本的な変化をもたらすには、この書物――すなわちあなた自身です――を、読むことができなければなりません。そして、私たちが生きる〔ところの〕社会は、私たちの一人一人によってもたらされます――私たちの親たち、祖父母たちなどによって、です。人間たちすべてが、この社会を造り出してきました。そして、社会が変化しないとき、もっと多くの断裂・腐敗、もっと多くの戦争と、もっと大きな人間精神の破壊があるでしょう。それで、この書物－すなわちあなた自身です－を読むには、書物が言っていることを聞く芸術(註1)・技術を、持たなければなりません。聞くことは、書物が言っていることを解釈しないことを、含意しています。ただそれを観察するのです－あなたが雲を観察するであろうように、です。あなたは雲について何もできません－ヤシの葉が風に揺れているの〔について〕も、日の入りの美しさ〔について〕も、です。あなたはそれを変更できません。それで、書物が言っていることを聞く芸術を、持たなければなりません。書物はあなたです。それは、あらゆるものごとを開示するでしょう。

もう一つの芸術があります－すなわちそれは、観察の芸術、見る芸術です。あなたが、あなた自身である書物を読むとき、あなたと書物はありません。読者と、あなたから分離した書物は、ないのです。書物はあなたです。

また、もう一つの芸術が、あります－〔すなわち〕学ぶ芸術です。コンピューターは学びうるのです。それらはプログラムされうるし、それらは言われてきたことを反復するでしょう。私たちは初めに経験します。知識を蓄積し、それを頭脳に蓄えます。そのとき記憶としての思考が生じます。そのとき行為〔があるの〕です。その行為から、あなたは学びます。かくして、学ぶことは、さらなる知識の蓄積です。これが、気づいて目覚めている精神がすべてのとき、していることなのです－〔まるで〕コンピューターのように、です。経験、知識、記憶、思考、行為－それが、私たちがすべてのとき、していることです。それが学びと呼ばれます－〔すなわち〕経験から学ぶのです。これが〔今までずっと〕人の物語であったのです－常なる挑戦と、その挑戦への応答です。そして書物は、人類の知識全体です―〔人類〕それはあなたです。私は、あなたたちがたぶんとても学識があり、大いに教育されているのを、知っています。しかし、私はこのすべてを、きわめて単純な言語に表そうとしています。しかし、言葉はそのものではありません。象徴はけっして、それを、すべてのときに心に留めておいてください―言葉はそのものではありません。それを、〔作用の〕現実ではありません。それで、私が言いましたように、見る芸術、聞く芸術と学ぶ芸術があります。人はけっして、知られたことから自由ではありません。それで、私たちの学びは機械的になるのです。学ぶ芸術は、何か全的に異なったことを含意しています。学ぶことは、知識の制限〔領域〕への探究を、そして動くことを、意味しています。そこで、これら三つの過程―聞くこと、観察すること、学ぶこと―でもって、ともに生の書物を読みましょう。あなたは、私とともに書物を読んでいます。私があなたの書物を読んでいるのではありません。私たちは、人間の書物を読んでいます―すなわちそれは、あなたと、語り手と残りの人類です。どうか、少しの注意をこれへ向けてください。私たちが、あなた自身である書物の読み方を知るなら、葛藤・抗争すべて、苦労すべてが、終わりになります。宗教的な精神であるのは、そういう精神だけなのです―〔すなわち〕信じる精神ではなく、儀式すべてを行う精神ではなく、自由である精神、です。完全に書物を読んできたので、真理の祝福を受けとるのは、そういう精神だけなのです。

何が、その書物での第一章でしょうか。それはあなたの書物です。そして、何がその章の内容でしょうか。物理的・身体的な存在を別にして―〔すなわち〕身体《からだ》の苦労すべて、病気、怠け、だらしなさ、適切な食物、適切な栄養の不足をともなった物理的な〔有機的な〕組織体、です。そのすべてを別にして、何が初めの動き[註2]でしょうか。あなたは、自分の顔を見つめたことがあるかもしれません—櫛で髪をすく、顔に化粧をする、その他のすべてです。しかし、あなたはけっして、あなた自身〔の中〕をのぞき見たことがありません。あなたは、自分自身〔の中〕をのぞき見るなら、自分が受け売りの〔中古〕人間であることを、自分自身で〔その覆いを除くように〕発見しないでしょうか。自分自身が受け売りの〔中古〕人間だと考えること—それは、いくぶん不快であるかもしれません。しかし、私たちは他の人々の知識で満たされています—ある人やある教師やある導師《グル》が言ってきたこと、ブッダが言ったこと、キリストが言ったこと、などです。私たちはそれで満たされています。また、あなたは学校、専門校や総合大学へ行ったことがあるなら、そこでもまたあなたは、何をすべきか、何を考えるべきかを、言われてきたのです。それで、あなたは、自分は受け売りの〔中古〕人間であることを悟るなら、そのとき、精神のその受け売りの〔中古の〕性質を脇に置き、見ることができます。

どうか付いてきてください。第一の観察は、私たちが矛盾〔の状態〕に生きること、私たちに秩序が無いことです。秩序は青写真[註3]ではありません。秩序はすべてのものごとをその正しい所に置くことです。しかし、秩序は、特定の習慣の機械的な修練や、通常の機能より、はるかに大きな何かを、含意しています。それで、その書物〔において〕、第一章において、私たちがとてつもなく混乱した無秩序な生を生きるということを、発見します—〔すなわち〕一つのことをほしがり、〔同時に〕自らはそれがほしいことを拒みます。一つのことを言い、〔同時に〕他の何かをします。一つのことを考え、〔同時に〕他の何かをします。それで、常なる矛盾があるのです。矛盾があるところ、葛藤・抗争があるにちがいありません。あなたは〔今〕、あなた自身である書物に、付いていっています――〔すなわち〕あなたが無秩序なやり方で生きていること、あなたが永続的な葛藤・抗争〔の状態〕にあることに、です。その葛藤・抗争は、それ自体を拡大してきました――野心、充足〔として〕、或る人物との〔同一視〕、或る国との、或る観念との同一視として、ですが、けっして、〔作用の〕現実とともに生きていません。それで私たちは、無秩序〔の状態〕に生きます――政治的に、宗教的に、私たちの家庭生活において、です。私たちは、何が秩序であるのかを、見出さなくてはなりません。あなたが書物の読み方を知るなら、書物はあなたに語るでしょう。それは、あなたが無秩序〔な状態〕に生きると言います。付いていってください――次のページをめくってください。そのときあなたは、無秩序〔な状態〕に生きることが何を意味しているのかを、見つけるでしょう。無秩序の本性を理解するなら――知的に、または言葉においてではなく、実際に〔作用において、理解するの〕です――書物は、言っているのです――〔すなわち〕翻訳してはいけない、それを知的な概念にしてはいけない、適切にそれを読みなさい、と。あなたがそれを読むとき、それは、あなたの〔諸々の〕矛盾が存在していると言います。そして、あなたが矛盾の本性を理解してこそ、それらは終わりうる、と。ヒンドゥー教徒とイスラム教徒、ユダヤ人とアラブ人、共産主義者と非共産主義者のような分割があるとき、矛盾は存在しています――〔または、〕様々な種類の仏教徒と、様々な種類のヒンドゥー教徒、キリスト教徒などの間に、この常なる分割過程が〔あるとき〕、です。分割があるところ、葛藤・抗争があるにちがいありません――すなわちそれが無秩序です。あなたが無秩序の本性を理解するとき、その〔完全な〕了解のなかから、無秩序の本性を理解することの深さのなかから、自然に秩序が出てきます。

秩序は、自然に開く花に似ています。そして、その秩序、その花はけっして、しぼみません。いつも自分の生に秩序があるのです。なぜなら、本当に私は書物を読むからです――〔書物〕それは、分割があるところ、葛藤・抗争があるにちがいないと言うのです。

第二章は言います――あなたが、中心をともなって、周辺に向かって働いているかぎり、矛盾があるにちがいないのです。すなわち、あなたは、自己中心的に、利己的に、自分勝手に、個人的に行為している〔かぎり〕〔すなわち〕この広大な生の全体をその小さな「私」に狭めているかぎり、必然的に無秩序を造り出すでしょう。「私」は、思考によって組み立てられた、とても小さな事柄です。思考は言います――私の名、形、心理的構造と、イメージ――〔イメージ〕すなわち、それがそれ自体について築いてきたもの、です――「私はひとかどの者だ」と。それで、自己中心的活動があるかぎり、矛盾があるにちがいありません。無秩序があるにちがいありません。そして書物は言います――どのように自己中心的でないか〔のなり方〕を、訊ねるな、と。書物は言います――あなたは、どのように〔すればいいか〕を訊ねるとき、方法を〔訊ね、〕求めている、と。あなたがその方法を追求するなら、それはもう一つの形の自己中心的な活動です。書物が、あなたにこのすべてを語っています。私があなたに対して、これを語っているのではありません。語り手があなたのために、書物を翻訳しているのではありません。私たちはそれをともに読んでいるのです。あなたは、分派、集団、宗教に所属しているかぎり、必ず葛藤・抗争を造り出すはめになります。これは飲み込むことが困難です。なぜなら、私たちはみんな、何か〔の存在〕を信じているからです。あなたは神を信じています。他の一人は信じていません。他の一人は仏陀を信じています。他の一人はイエスを信じています。イスラム教は、他の何かだけがあると言います。それで信念は、人と人との間の関係に分割をもたらします。あなたが〔諸々の〕事実に関心を持つだけのとき、信念は要りません――〔諸々の〕事実は、あなたの書物において〔今、作用として〕現実に起こっていることです。

そのとき、問題が生じます――〔すなわち〕あなたはどのように書物を読むのか、あなたは書物から分離しているのかどうか、です。あなたは、小説やスリラー物を手に取るとき、それを部外者として読んでいます――ページをめくる〔部外者として〕、興奮する物語すべてなどをともなって、です。しかし、ここでは読者が書物です。彼は、あたかも自分自身の一部分を読んでいるように、それを〔いま〕読んでいます。彼は書物を読んでいるのではありません。書物はまた言います――人は権威のもとで生きてきました。政治的、宗教的な〔権威〕です――〔すなわち〕指導者、導師《グル》、知っている人、知識人、哲学者、です。彼はいつも権威の様式に順応してきました。どうか、書物が〔今〕言っていることを、よく気をつけて聞いてください――すなわち、法律の権威があります。あなたがその法律に賛同しようとしまいと、法律の権威があります。警察官の権威が〔あり〕、選挙された政府の権威があります。そして、独裁者の権威があります。私たちは、その権威について話していません。私たちは、書物において読んでいます――〔すなわち、〕安全であるために精神が探し求める権威について、です。精神はいつも安全を探し求めています。書物は言います――あなたは心理的に安全を探し求めているとき、必然的に権威を造り出すはめになる、と。〔例えば、〕司祭者の権威、イメージ・像の権威、「私は悟りを開いた、私があなたに教えよう。」と言う人の権威を、です。それで〔書物〕それは、言うのです――その種類の権威すべてから自由でありなさい、と。それは、あなた自身にとって光でありなさい、という意味です。生の理解のため、その書物の理解のために、誰にも依存してはいけません。その書物を読むには、あなたと書物との間に、誰もいません――どんな哲学者も、どんな司祭者も、どんな導師《グル》も、どんな神も、何も、です。あなたが書物です。あなたがそれを読んでいます。ですから、他の人の権威から、自由がなければなりません――権威は夫の〔権威〕や妻の〔権威〕であっても、です。それは、一人立つことができるという意味です。

書物は言います――あなたは議論してきた。無秩序と秩序と権威〔について〕の第一章を、読んできた、と。次の章は言います――生は関係である、と。生は行為における関係です。(註4)それは、あなたの親密な人物たちとの関係だけではありません。あなたは、人類の全体に関係しているのです。あなたは、〔あなた以外の〕他の人間たちと似ています――彼らがどこに生きようと、です。なぜなら、彼らは苦しむし、あなたは苦しむ、その他すべてであるからです。心理的に、あなたは世界です。世界はあなたです。ゆえに、あなたはものすごい責任があるのです。そのとき、書物は次の章で言います――人は記憶なき時から恐れとともに生きてきた、と。恐れ、〔すなわち〕自然の恐れ、環境の恐れ、病気の恐れ、事故の恐れなどだけではなく、はるかに深い恐れの諸層、より深い無意識の、踏み込まれていない恐れの〔諸々の〕波も、です。私たちはともに書物を読もうとしています――〔ついに〕その章が終わって、「それを見守りなさい。するとあなたは、それを終わらせることができるでしょう。」と言うまで、です。書物は再び言います――次のページです――恐れは何でしょうか。それはどのように起こるのでしょうか、その本性は何でしょうか、と。なぜ人は、その〔恐れという〕問題を解決したことがないのでしょうか。なぜ彼は、それと生きるのでしょうか。それが慣習になってしまったのでしょうか。それを生の道として受け入れてきたのでしょうか。なぜ人は、人間〔存在〕はその問題を解消したことがないのでしょうか――そのため精神が恐れから全的に自由であるように、です。恐れがあるかぎり、あなたは暗闇に生きます。あなたの崇拝はその暗闇のなかからです。ゆえに崇拝は、絶対的に無意味です。

恐れの本性をさらに読むことが、とても重要です。では、恐れはどのように起こるのでしょうか。それは、過去のものごとを憶えていること、あなたがすべきでなかったことを、憶えていること、です。〔すなわち〕何か痛みを〔憶えていること〕、あなたが何かしてきたことでしょうか――〔すなわち〕何か痛みを〔憶えていること〕、あなたが何かしてきたこと、あなたがすべきでなかったことを、憶えていること、です。〔例えば、〕あなたが言ってきた嘘、です。あなたはそれを発見されたくないし、あなたはそれが発見されるかもしれないと怯えています。〔すなわち、〕あなたの精神を断裂・腐敗させてきた行為、です。あなたはその断裂・腐敗を、その行為を、恐れているかもしれません。またはあなたは、未来を恐れているかもしれません。または、仕事を失うことを恐れているかもしれません。または、或る国の特定の小さな裏庭の中で主要な市民になれないことを、です。私たちは、数え切れない恐れの形を、持っています。人々は暗闇を恐れています。人々は世論を恐れています。

人々は死を恐れています。人々は〔目的などを〕充足できないことを恐れています ― 〔充足〕それが何を意味していようと、です。そして、病気の恐れがあります。〔すなわち〕たくさんの身体的な痛みがあるかもしれないし、その痛みが精神に登録されます。そして、痛みが戻ってくるかもしれないと恐れています。それで、書物は言います ― 続けなさい、もっと読みなさい、と。恐れは何でしょうか。それは、思考によりもたらされるのでしょうか。それは、時によりもたらされるのでしょうか。私は今、健康です。しかし、年を取るにつれて、私は病むでしょうし、私は怯えています。それが時です。または思考は言います ― 何が私に起こるかもしれない、私は仕事を失うかもしれない、私は盲目になるかもしれない、私は妻を失うかもしれない、と。それが何であろうと、です。それが恐れの根でしょうか。書物は〔今〕あなたに訊ねています。それで、あなたは言います ― ページをめくりなさい。すると、あなた自身に答えを見つけるだろう、と。語り手が、あなたに語っているのではありません。それが言うのです ― 思考と時が恐れの要因である、と。思考は時であると、それが言うのです。

次のページは言います ― 恐れの息も無いように、人間の精神が、恐れから完全に自由であることは、可能でしょうか。あなた自身であるその書物を読んでいるあなたが〔、完全に自由であることは〕、です。それは再び言います ― 方法を求めるな、と。方法は、反復、体系を意味しています。あなたが考案する体系は、恐れを解決しないでしょう。なぜなら、そのときあなたは、恐れの本性を理解しているのでなく、体系に従っているからです。ですから、体系を探してみるのではなく、ただ恐れの本性を理解するだけです。それは言います ― あなたのいう理解するとは、どういう意味でしょうか。あなたは、〔恐れという〕その言葉の言語構造と意味を理解するか──それは知的操作の特定の形です──または、それの真理が見えるのか、です。あなたはこれの真理が見えるとき、そのものは消え去ります。思考と時が恐れの要因であることが、言葉での発言としてではなく、あなたの部分として、あなた自身で明らかに見えるとき──それは、あなたの血に、あなたの精神に、あなたの心にあるのです──〔すなわち〕時が要因であるということが、です。そのときあなたは、恐れはもはや居所がない〔こと〕、ただ時だけであることが、分かるでしょう。なぜなら、恐れは時と思考によりもたらされてきたからです。私は、何が起こるかもしれないと恐れています。私は、さびしさを恐れています。私はさびしさを、それが何を意味しているかを、けっして検討しないのです。しかし私は、それを恐れています──それは、私がそれから逃げさるという意味です。しかしそのさびしさは、私の陰です。それは私を追求してきます。あなたは、自らの陰から逃げされません。それで、あなたが、観察の辛抱づよさを持っているなら──それは、逃げさるのではなく、観察すること、見ること、聞くこと、その書物が何を言っているのかが聞こえることとです。それは、時が要因である、恐れではない、と言うのです。それであなたは、時を理解しなくてはなりません。あなたが時を理解するなら、そのときおそらく、恐れに終わりがあるでしょう。

書物はあなたに見出すように訊ねています──時と思考の間の関係は何であるのかを、です。思考は、知られたことから知られたことへの動きです。それは動きです──過去の〔諸々の〕記憶が現在に出会い、それら自体を修正して、続けていくのです。昨日から今日へ、〔そして〕明日へのこの動きが、時の動きです—日の出によって、日の入りによって、です。また心理的な時もあります。すなわち、私は〔これまで〕痛みを知ってきました。私は〔未来に〕それがないであろうことを望みます。それは再発するかもしれません—それは、過去の動きです。現在をとおしてそれ自体を修正し、未来へ動きつづけています。腕時計による時があります。内的に時がありま す—私は〔未来にそう〕なりたいと望みます。あなたは〔今〕そうではないが、望みます。あなたは〔今〕暴力的ですが、あなたは非暴力的になりたいと望みます。あなたは〔今〕貪欲で、妬みます。しかし、時をとおし、進化をとおしてあなたは、次第にそれから抜け出したいと望みます。それで、時は動きです—過去から現在、そして未来へ、です。思考もまた、過去の知識、記憶からです—動きです。それで、時は思考です。次の疑問は、答えることがはるかに難しいのです。あなたは、そこまで動くには、辛抱をしなければなりません。私は特定の意味で「辛抱」という言葉を使っています。辛抱は、時の不在を意味しています。一般的に辛抱は、ゆっくり行きなさい、辛抱しなさい、時をかけなさい、すばやく反応するな、静かでありなさい、気楽にやりなさい、他の仲間に彼自身〔の思い〕を表明する機会を与えなさい、などなどということを、意味しています。私たちは、辛抱という言葉を、その意味で使っていません。私たちは言っています—辛抱は、あなたが見られるように、あなたが観察できるように、時を忘れることを、意味している、と。しかし、それをとおして観察している〔ような〕時を持っているなら、あなたは辛抱がないのです。〔書物の〕章を読むには、あなたは辛抱しなくてはならないかもしれません。時は恐れの要因です。思考は時です。そして、思考が機能しているかぎり、あなたは必ず恐れるはめになるのです。
次の章は言います―時に止まることがあるのでしょうか。時に終わることがあるのでしょうか。時は、私たちの生においてもっと大きな要因です―〔すなわち〕私は〔今〕こうですが、〔未来に〕こうなるでしょう。私は〔今〕知らないが、〔未来には〕知るでしょう。私は〔今〕この特定の言語を知らないが、学ぶでしょう。時を与えてください、〔すると〕時は私たちの傷を癒すでしょう〔、と〕。時は敏感さを鈍らせます。時は関係を破壊します。時は理解を破壊します。なぜなら、理解は無媒介であるからです―「私は理解するよう学ぶでしょう。」ではないのです。それで、書物は言っています―時は私たちの生においてとてつもなく重要な役割を果たします。私たちの頭脳は、時をとおして進化してきました。それはあなたの頭脳や私の頭脳ではありません。人間の頭脳、人間の精神です―すなわちそれはあなたです。あなたはその頭脳を、自分の頭脳として、自分の精神として同一視してきました。しかしそれは、あなたの精神やあなたの頭脳ではありません。何百万年をとおして進化してきた人間の頭脳です。あなたは、頭脳―それは時により条件付けられています―は、時のなか作動できるだけということが、分かります。私たちは、頭脳に全然異なったことをするよう、訊ねています。書物は言います―あなたの頭脳は、あなたの精神は、時のなか機能する、と。時は、あなたの生において重要な役割を果たしてきました。時は、どんな問題の解決〔方法〕でもありません―技術工学の問題以外は、です。問題の解決〔方法〕として時を使ってはいけません―あなたとあなたの妻との間、あなたとあなたの仕事との間などに、です。これを理解することは、とても難しいのです。どうかこれに、あなたの精神を向けてください ― 適切に書物を読むように、です。それで、〔書物〕それは言います ― 時は終わりうるのでしょうか。あなたがそれを終わらせないなら、恐れは続くでしょう ― その帰結のすべてをともなって、です。そしてそれは言います ― それをどのように終わらせるかを、訊ねるな、と。あなたが誰かにそれをどのように終わらせるかを訊ねる瞬間、彼は書物を読んだことがないし、彼はあなたに理論だけを与えるでしょう。私は、あなたがこれを理解するのかどうかと思うのです。これが真実の熟慮・冥想です ― それは、時はいったい止まりうるのかどうかを、探究することです。語り手は、〔時は〕止まりうるし、〔現実に〕止まると言うのです。語り手はそう言います。あなたの書物が、ではありません。語り手は、それは終わると言います。しかし、あなたは、その書物〔の存在〕を信じているなら、〔今〕書物を読んでいません。あなたは、言葉をもとに生きているだけです。言葉をもとに生きることは、恐れを解消しないのです。それであなたは、時の書物を読まなくてはなりません。〔すなわち〕それに入り、時の本性を探検するのです ― あなたがどのように時に反応するか、あなたの関係はどのように時に基づいているかを、です。それに入ってください。それは、知識が時であることを、意味しています。あなたは、前進の手段として知識を使っているなら、時に捕らわれます。ゆえに、恐れ、心配・切望、そして全体の過程が続くのです。時の終わることの本性を探究することは、静寂な精神を、必要とします ― 〔すなわち〕怯えているのではなく、自由に観察できる精神を、です。〔すなわち〕あなた自身において時の動きを、どのようにあなたがそれに依存しているのかを、自由に観察できるのです。ご存じでしょう、もしも誰かがあなたに対して、望みといったものはないと言ったなら、あなたは恐怖するでしょう。私が言っていることを理解するでしょうか。望みは時です。それであなたは、時の本性を究明しなくてはいけません。そして、あなたの頭脳とあなたの〔考える〕精神とあなたの〔感じる〕心 ― それらは一つです ― は、時のなか機能しているということを、悟るのです。それらは、時において条件付けられています。ゆえに、あなたは全然異なった何かを訊ねています。あなたは〔今〕頭脳に、精神に違った機能をするよう訊ねています。それは、あなたの読みに大きな注意を必要とするのです。

〔講話２・訳註〕

註１）art（芸術）は語源的に、artist（芸術家）が意味するような美的な適合だけでなく、artisan（職人）が意味するような機能的な適合としての「技術」をも含意する。

註２）the first movement は、音楽で言うなら、「第一楽章」である。

註３）言い換えるなら、設計図、輪廓である。

註４）他の講話では、「生は関係における行為です。」といった言い方も見られる。

欲望、楽しみ、悲しみと死

コロンボでの講話3◎1980年11月15日

聞くことの芸術、見ることの芸術、学ぶことの芸術を、(註1)学ばなくてはいけません。聞くことは、聞こえることをあなた自身の慣習に応じて翻訳することではありません。むしろ、見出そうとすることです——語り手が言っていること〔を見出す〕だけではなく、あなた自身の思考、あなた自身の情動、あなた自身の反応をもまた聞くことです。それらを変化させようとするのではなく、それらを抑圧しようとするのではなく、単にそれらを見守る、とても注意深く静かに聞くのです。また見えることの芸術もあります——あなたの視覚的な眼でもって、視力の応答でもって〔見える〕だけではなく、また言葉を越えて見えること、いわば行間を読むこと、言葉の裏に何が潜んでいるかが見えることです。なぜなら、言葉は〔作用の〕現実ではないからです。〔例えば、〕山の記述は山ではありません。「川」という言葉、その活力すべてと、その裏の水かさをともなったあの川——「川」という言葉は、あの生きているものではありません。ですから、とても注意深く、鋭く、大きな気づかいをもって、観察しなくてはなりません——学ぶことの芸術はまったく複雑な事柄であるからです。それで、聞くことの芸術、見えることの芸術と学ぶことの芸術が、あります。私たちは、知識を蓄積するよう慣習づけられています――〔すなわち〕経験をとおした知識、頭脳に蓄えられた記憶、です。そして、私たちはいつも、その知られたものの分野のなかで機能しています。知られたものは、現在により修正された過去です。そして、未来に継続します。その領域のなか、その分野のなかで、私たちはいつも機能します。そして学ぶことは、記憶として蓄えられた経験をとおしてであり、その記憶でもって機能することです――上手にか下手にか、です。これが、私たちの精神がいつもしていることです。知られたこと、知識、学ぶ行為、そして学ぶその行動から、知識を蓄積しています。これが、私たちがそこでいつも機能している〔ところの〕循環です。しかし、全然異なった種類の学びが、あるのです――蓄積ではない学び、です。

　私たちが昨日言っていましたように、私たちは、私たちが何であるかの書物を読まなくてはなりません。(註2)私たちは人類の内容全体です――私たちの一人一人は、人類は、悲しみ、楽しみ、欲望・願望、心配・切望、痛み、けんか、国籍、意識です。そのすべてが書物にあります――私たちである書物に、です。書物は私たちと異なっていません。私たちが書物です。これを理解することと――〔すなわち〕あなたが読むのはあなた〔自身〕であるということ、あなたはあなたが読むものと異なっていないということを、〔理解するの〕です。そして、あなたが読むことを、自らの欲望・願望に応じて、楽しみや恐れに応じて受けとるなら、そのときあなたは、そもそも書物を読まないでしょう。その恐れ、その心配・切望、その苦しみは、あなたの一部です。実際に〔作用において〕その書物を読みたいのなら、観察者は彼が読んでいるものであるということが、見えなくてはなりません。観察者は観察されるものです。思考者は思考です。思考を離れて思考者はありません。これは事実です。経験者は経験されるものです。私たちのほとんどは、思考は思考者とは異なっていると考えます――いつも思考を制御しよう、抑圧しようなどとしています。実際に〔作用において〕、思考者が思考であることを観察するとき、そのとき思考者と思考との間の分割は終わりになります。ゆえに、葛藤・抗争は終わりになります。思考者と思考の間の分離はありません。思考が思考者を作るし、思考が思考者を分離させるのです。そのとき思考者は、思考を制御する主人になります。そして、思考におけるこの制御、この抑圧、この修練は、思考が造り出しつつある思考者によってです。ゆえに、思考が思考者です。これは明らかでしょうか。思考者と思考の間に分割はないのです。

分割があるところ、葛藤・抗争があるにちがいありません。これは法です。イスラム教徒とヒンドゥー教徒の間、仏教徒と他のもの、カトリックとプロテスタントの間などに、分割があります。民族的、国家的に、宗教的に分割があるところ、葛藤・抗争があるにちがいないのです。私たちの精神は、私たちが生まれた瞬間から死ぬまで、葛藤・抗争が慣習づけられています。それは永続的な格闘、永続的な闘争、自己の内と外側での常なる戦いです。思考者は思考であること、そして二つの間に分割がないことという事実を、言葉の上でなく、知的にでなく悟るなら、そのとき葛藤・抗争の本性と、葛藤・抗争の終わることを理解しはじめます。

今晩、私たちは欲望・願望、楽しみ、苦しみの本性を探究するでしょう。そして、時間があるなら、（註3）死の意味全体と意義を、です。人類に大きな関心のある人は――人の苦しみ、人の葛藤・抗争、人の暴力と、人が生において経てゆく苦労すべてに〔関心のある人〕、です。彼は、欲望の本性と構造を探究しはじめなければなりません。欲望・願望は、私たちの生において計り知れない役割を果たします。欲望は、あなたが成長するにつれて、あなたが少し成熟するにつれて、異なります。〔すなわち〕対象が異なりますが、欲望は同じです。あなたが車を〔願望しようと〕、女を、神を、悟りを願望しようと、その願望は同じです。高尚な願望と下劣な欲望〔があるの〕ではなく、ただ欲望があるのです。その意志をともなった願望は、生における常なる要因です。欲望は意志です。意志は欲望の総和です。そして私たちは、意志でもって作動し、機能します。「私はしなければならない」「私はしてはならない」です。この意志の常なる活動が、欲望の本質です。欲望をまさに覗き込んでいるなかで、あなたは見えはじめます。その本性へ洞察を持ちます。あなたが洞察を、了解を持つとき、構造物を反復する必要性はありません――すなわち、単に言語的になるであろうもの〔を反復すること〕は、です。あなたは、見る〔とき〕、〔例えば〕腕時計を検討し、それをばらし、それをのぞき込み、それがどのように働くかが見えるとき、腕時計の動きを学んでいます。腕時計がどのように働くかを学んでいます。あなたは、それが動くにつれて、それの作動を学んでいます。いいですか。

　ここに私たちは今、欲望・願望を覗き込んでいます。あなたは、欲望が何であるかを知っています。ほとんどの人たちはそうです。初めに、私たちの生においてこんなに重要な役割を果たす欲望は、何でしょうか。ほとんどの宗教の集団、様々な宗派の修道士・僧侶たちはいつも、欲望を抑圧しなさいとか、変質させなさい、と言ってきたのです。あなたは神に仕えたいのなら、世間に対して欲望を持ってはならない―女に対して、男に対してなど〔欲望を〕、です。それはいつも、抑圧的な過程であったのです―欲望の規律・修養は、です。私たちは〔今〕それを抑圧しているのでも、それを回避しているのでも、それを変質させているのでもありません。私たちは欲望の本性を検討しています。それを回避しようとするという疑問は、ないのです―それから逃避するために、それを見ようとするということは、です。私たちはともに、欲望の本性と構造に入ろうとしています。ですから、どうかそれを理解してください。私たちは〔今〕それを抑圧していません。それを回避していません。それを合理化していません。私たちは単に、欲望が何であるかを、とてもくわしく検討しているだけです。あなたがそれの本性を理解するなら、それを抑圧する、またはそれを回避する、またはそれを合理化するという疑問は、ありません。これは明らかでしょうか。それで私たちは訊ねています―欲望は何でしょうか。明白に〔欲望というその〕言葉は〔欲望〕そのもの、〔その〕反応ではないのです。あなたが欲望という言葉を使っているとき、言葉は〔その〕反応〔ではなく〕、欲しいというあの感情ではないことが、私たちは明らかでなければなりません。

この国には美しい樹々が豊富です。すてきな雲、すばらしい花々とオークの樹々があります。あなたは、生にほとんど美しさがないことを、知っています。私たちはけっして美しさを持ちません。私たちはみな、自分たちの悩み、問題、心配・切望でもって占領されています。私たちはけっして、日の入りを見つめ、光の美しさに喜ばないのです。私たちは〔今〕、美しさの堪能を失いつつあるだけではありません。おそらくまた、私たちのほとんどは、内的な美しさをも持っていないのです―ものごとに、依存していない美しさです。〔すなわち、〕絵画・画像に、彫像に、または何かや他に、です。大いなる愛、慈悲があるときだけ、その美しさは来るのです。それが美しさです。そして、何が真理であるかをもまた、探究しなければなりません。美しさのあの大いなる強さなしには、あなたは、真理であるものに、けっして出くわせないのです。

それで、欲望は何でしょうか。人は、これと、欲望自体に在る葛藤に、つきまとわれてきたのです。私たちはともに、これの本性を、検討しています。探検しています。学んでいます。知覚、見えることが欲望の始まりではないでしょうか。(註4)私はよく気をつけてゆっくりと入るでしょう。あなたの眼で見えること、視覚、花々、木々、車、女が見えること、世の中が見えること。それが欲望の始まりです。見えること、味わうこと、(註5)匂い―それで、木、家、車、女、男、すてきな庭が見えること。それが見えることとそれに触れること、接触すること、そのとき感受です。そのとき思考は、あなたがあの庭を〔所有している〕、あの車を、これとあれを所有している〔という〕イメージを、造り出します。いいですか。すなわち、見えること、接触、触れること、そのとき感受です。そのとき思考は、言います―または、あなたがあの車に座っている、それを運転している〔という〕イメージを、造り出します。いいですか。見えること、接触、感受、〔そのとき〕思考がイメージを造り出す。そのとき欲望が生まれます。思考がイメージを造り出すとき、それが欲望の始まりです。理解したでしょうか。それはとても単純な事実です。まさに見えることでもって、接触、感受、です―それは自然です。また思考が、あなたがあのシャツを持つイメージを造り出すこともまた、普通です―あの青いシャツや、あの特定の礼服を〔持つイメージ〕、です。あの瞬間に、欲望が生まれます。あなたは自分自身でそれが見えるのです。あなたはすてきなズボンが見えます―見える。店の中に入る。それに触れる。そのとき思考は、言います―「それは私にどんなに似合うだろうか」と。あなたはイメージを形成したのです。あの瞬間に欲望が花開きます。いいですか。それで、よく気をつけてこれを理解してください―〔すなわち〕思考がイメージを造り出すとき、それが欲望の始まりであるということを、です。そのイメージは、終わりになりうるでしょうか。

ここで、見えること、接触、感受の作用を、学べるでしょうか―思考にイメージを造り出させないで、ただ〔作用〕それだけです。これを理解したでしょうか。すなわち、見えること、接触、感受。思考がイメージを造り出す瞬間、欲望、です。思考が感受に介入するとき、欲望が始まるという事実を、学びます。昨日、あの楽しみの出来事が頭脳に記録されます。そして欲望は、「私はあの楽しみをもっと持たなければならない。」と言います。欲望の本性がどのように来るのか、分かりますか。あなたはひとたびそれが〔作用として〕現実に見えるなら、欲望を抑圧する〔という問題〕とか、制御しようとするとか、それを変化させようとするという問題は、けっしてないのです。あなたが、どのように欲望が起こるのかを〔ひとたび〕理解したなら―あの瞬間に気づく、そして、思考がイメージを造り出すとき、あの瞬間に完全な注意を払うのです―そのとき、抑圧、回避〔という問題〕や、欲望の合理化という問題は、ないのです。

欲望は楽しみです。私たちはみんな楽しみの奴隷です―所有の楽しみ、権力の楽しみ。〔必ずしも〕大政治家の権力ではなく、あなたが妻に対して、子どもたちに対して持っている権力、です。それは楽しみの形です。人は、はてしなく楽しみを追求します。あなたは、一つのもので楽しまないなら、他のもう一つを追いかけます。あなたは、妻や夫で楽しまないなら、彼らを変えます。楽しみの追求があるのです。それは喜びとは全然異なっています。楽しみは〔これまで〕人間の生において、駆り立てる要因〔または原動力〕の一つであったのです。ですから、私たちは楽しみを理解しなければなりません――〔すなわち〕性的な楽しみ、所有の楽しみ、お金の楽しみ、苦行者が自らの体をしつけるときに持つ楽しみ、信念の楽しみと、何か〔の存在〕を信じる人の究極的な楽しみ、です。彼は神〔の存在〕を信じています。それはとても大きな楽しみなので、そのため彼は動揺させられたくないのです。私たちは今、楽しみの本性を覗きみようとしています。

喜びは、楽しみとはまったく異なっています。あなたは美しい日の入りや広大な流れる河が見えるとき、歓喜があります。そこには美しさがあります。精神はあの水を記録しました――あの水のあの美しさ、あの水の光、あの水の速い流れ、または、日の入りの輝きを、です。それは彼に大きな楽しみを与えたのです。彼はそれを再びほしがります。あの河を再び見るために、明日戻ってきます――同じ楽しみを得たいと願って、です。喜びは楽しみではありません。なぜなら、あなたは喜ぶし、それは終了したからです。しかし、それが記録される瞬間、あなたが喜んだことの〔追求〕、あなたがそこに楽しみを得たことの追求が、あるのです。それは、過去の〔継続〕、現在をとおして未来への継続です。これが、生における私たちの常なる動きです――〔すなわち〕欲望と楽しみ、です。楽しみは、罰の回避と、楽しみであることへ取りすがることを、意味しています。ゆえに、私たちの精神はいつも、処罰と報賞とのこの領域のなかで、機能します。あなたは宗教的な人物であるなら、天国が究極的な楽しみであると考えます。なぜなら、そのとき天国は、良いことをすることと正しく生きることなどに対する報賞であるからです。あなたは、正しいことをしていないなら、〔天国でない〕他のところがあります。いつもこの報賞と処罰があります。そして、楽しみと欲望は、愛でしょうか。あの「愛」という言葉は〔今〕、こんなに誤用されていて、こんなに貶められています―それはその美しさを失ってしまった、ということです。私たちは、愛は楽しみや欲望であるのかどうかを、訊ねなければなりません。私たちは、苦しみという疑問に入った後で、さらにいっそうそれに入るでしょう。

人は、幾世紀の上に幾世紀をとおして、苦しみとともに生きてきました。見たところ、けっしてそれを終わらせることができなかったのです。それは、何か楽しめないこと、何か私たちに大きな痛みを与えることに耐える私たちの慣習づけられた道の一つです―けっして、それへの解決を見出さないのです。苦しみの様々な道があります―あなたが愛していると思う人たちを失うこと―死をとおしてです―だけではありません。苦しみはまた、地位を失うことでもあるのです。それは貧困、不正義です―自己の不完全さの感覚。人は、天空と地球と物質と技術工学についての広大な知識を蓄積してきたけれども、そこに生きる〔ところの〕全くの無知の状態、です。それで私たちは、苦しみとともに生きます。私たちはそれを受け入れてきたのです。私たちはけっして言ったことがありません―「それは終わりうるのでしょうか」と。苦しみをどのように乗り越えるか〔について〕のすべての種類の説明を施す人たちが、います―神への信仰〔を持ちなさい」、あなたの救世主への信仰、ブッダへの信仰、キリストへの信仰を、持ちなさい。または、それが何であろうと、です。それで私たちは、はてしなく苦しみを被ってきました。私たちは〔今〕、苦しみが終わりうるのかどうかを訊ねています――一時的にではなく完全に〔終わるか〕、です。そのため、痛みのなか、悲しみのなか格闘してきた精神は、全然異なった状態、異なった動きを持つように、です。苦しむ精神は明瞭に考えられません。苦しむ精神は愛を持てません。苦しむ精神は、何か空想上のイメージのなかへ逃避します。苦しむ精神は、他の一人との関係を持ちません。苦しみは孤立になるのです。個人的な苦しみだけがあるのではありません。普遍的な苦しみもまたあるのです。人類が苦しみます――〔すなわち〕戦争の後の苦しみ、何百万に何百万もの人々が涙を流すのです。母親は赤ちゃんを失う。男は野心を充足したい、偉大な人になりたいが、その能力が無い。ゆえに、苦しみます。私たちは、苦しみに慰めと解決を見つけてきました。苦しむとき、慰めを捜し求めます。その慰めは、現実に、または幻影に、何かロマンチックな幻の空想に、あるかもしれません。私たちは、悲しみに終わりがあるのかどうかを、訊ねています。悲しみが終わることなしに、慈悲はないのです。なぜ苦しむのでしょうか。あなたたちみなは、苦しみが何であるかを知っています。しかしあなたは、なぜかをけっして訊ねたこと、それに入ったことがありません――誰にも依存しないで、〔この国では〕ブッダや、彼が言ったことや、他の国では、他の宗教的指導者たちが言うことに、依存しないで、です。そのすべてを脇に置いてください。なぜなら、彼らが言ってきたことは、真実であるかもしれないし、真実でないかもしれないからです。しかし、あなたは人間として苦しみます。あなたがあの問題を解決し、それを終わらせない〔なら〕――それを解消しないなら、生はますます機械的に、ますます反復的に、かなり表面的になるのです。ですから、悲しみは終わるであろうかどうかを探究することが、重要です。

悲しみは何でしょうか。それは何かを失うことでしょうか――〔すなわち〕仕事を失うこと、いわゆる愛する人を失うこと、信望、権力、地位、金銭を失うことでしょうか。それは自己憐憫でしょうか。どうか、それを検討してください――私たちが話しているときに、です。語り手は、あなたに、書物にあることを表現しているただの鏡です。それで、悲しみは何でしょうか。誰かを失うこと、人のさびしさ、人の孤立、他の一人と関係を持たないことに伴って訪れる嘆き、そして究極的に死、です。検討なさってください。これらのものごとを検討するには、とても精密でなくてはなりません。それは、自己憐憫でしょうか。あなたが愛情、気遣いすべてを注いできた誰かを失うこと――その誰かが死ぬ。行ってしまう。あなたを拒絶する。それで、あなたはこんなにまったく惨めに感じます。それは嘆きの一つの形です。他のもの〔すなわち〕あなたの〔考える〕精神は、そんなに伝統的、そんなに反復的、機械的になったのです。そしてあなたは、何かが即時に〔直接的に〕見られません――何か真であることが、即座にです。それもまた大きな悲しみです。年を取るにつれて、病気があります。身体《からだ》は衰えます。精神はゆっくりとその能力を失います。あなたは、これら要因すべてを見つめると、これら要因に対して何があなたの反応なのか、あなたはどのように応答するのかを、見出さなくてはならないでしょう――あなたは権力がほしいのか、お金がほしいのか、地位がほしいのか、正義がほしいのか、社会的な革命がほしいのか、です。あなたは本当に真剣な宗教的な人物であるなら、見出したいのです。あなたは、真理である時のないものを見出したいのです。混乱して、不確実であり、安全でない精神は、いつも苦しんでいます。精神がけっして安全を見つけたことがないということ、それもまた要因でしょうか。〔人は〕仕事に安全を持つかもしれません、家族に安全を、信念に安全を、持つかもしれません。しかし、信念や信仰・信頼には、いかなる安全もないのです。なぜなら、疑いは信仰・信頼を破壊するからです。疑いは信念すべてを引き裂きます。しかし人は、これら説明すべての終わりに、やはり苦しんでいます。彼は自分一人で苦しむだけではありません。世の中が見えるのです――その悲惨さ、混乱、貧しさ、醜さ、暴力、戦争すべてを伴っているのが、です。そのすべてが見えるとき、それもまた大きな悲しみです。悲しみは終わりうるのでしょうか。語り手は、終わりうると言います。あなたは、思考の何の動きもなく、苦しみとともに、とどまりうるのでしょうか。思考が生じて、「私はこれを抜け出す道を見つけなければならない。」と言う瞬間、苦しみはやはりとどまっています。あなたは〔今〕単にそれから逃げ去っているだけです。しかし、あなたが、苦しみと呼ばれるそのものとともに、完全に不動にとどまるなら、そのときあなたは、[註6]苦しみが完全に終わること、そして、全然異なった始まりがあることが、見えるでしょう。

　私たちはまたともに、何が死であるかを、探究しようとしています。それは私たちの生の部分です――〔すなわち〕生きることと死ぬこと、その醜さ、その美しさ、苦労、心配・切望、格闘すべてとともに生きること、です。そして死は、病気、老齢や事故をとおして、〔有機的な〕組織体が終わることです。ほとんどの人間たちは、宗教的で〔信心深くて〕も、そうでなくても、死に怯えています。すなわち、彼らは〔今〕生きています。それで彼らは、死は延期させられると言うのです。私が言っていることを理解しているでしょうか。生と死の間に隔たりがあるのです。これは事実です。なぜ精神は、死ぬことと生きることとを分離してしまったのでしょうか。これはあなたの問題です。人はなぜ幾時代をとおして、生きることと死ぬこととを分離してきたのかを、あなたの心、あなたの精神において、見出してください。それはこういう意味です――なぜ二つの間に時が入り込んだのでしょうか。時は何年か、または二日であるかもしれません。生きることと死ぬこととの間には、間隔があるのです――それが時です。なぜでしょう。これを見出すには、何が生きることであるかと、何が死ぬことであるかを、探究しなくてはなりません。または、あなたはすでに死について説明を持っているのでしょうか。または、すでに輪廻転生〔の存在〕について、業《カルマ》について信念を持っているのでしょうか――それは、あなたがそんなに条件付けられていることを、意味しています。あなたの精神は、信念、結論へそんなに狭められてしまっているので、そのため、あなたはこの疑問に答える能力がないのです。それは、あなたの精神が、言葉の奴隷、信念の奴隷になってしまったことを、意味しています――〔すなわち〕何か慰めてくれる種類の結論、観念の奴隷〔になってしまったの〕です。ゆえに、死を探究するには、あなたは、何が生きることであるかを探究しなければなりません。

私たちの日常生活には、生きることがあるでしょうか。あなたの日常生活は何でしょうか――朝から晩まで仕事です。午前九時から午後五時か六時まで、来る日も来る日も、来る月も来る月も、来る年も来る年も、です。それが、生きることの一部分です。あなたの家族と、あなたの妻と、あなたの隣人と生きること。あなたと妻や夫との間の葛藤、性的な欲望、それらの充足、それらの追求。そして二人の人間の間に果てしなく存在している葛藤、そして〔現実に〕あることと〔理想や義務として〕あるべきこととの間の葛藤。政治的、宗教的な権力に取りすがること。それで、生きることは何でしょうか。闘争の一つの継続――〔そこには〕時折の喜び、楽しみの追求、恐れをともなっています。それが生の全体です。誰もそれを否認できません。あなたはこれを知るには、どんな司祭者、どんな心理学者〔のもと〕にも、どんな導師《グル》〔のもと〕にも行かなくていいのです。それがあなたの生です――機械的で反復的です。価値を持たない何かを信じているのです。重要なのは、あなたが〔今〕何をしているのかです。〔今〕どのように行動しているのか、どのように振る舞うか、そのすべてです。それが生と呼ばれるものです。〔すなわち〕生きること、他の一人への執着――その恐れ、心配・切望、嫉妬をともなっています。執着があるところ、断裂・腐敗があります。人が権力に取りすがり、その権力に執着しているとき、彼は断裂・腐敗を呼吸しています。あなたは目の前、鼻の先で、このすべてが起こっているのが、見えます。それが、あなたの生であるすべてです。あなたはそれを手放すのを恐れています。それを手放すことが死です。いいですか。それが死だと考えられていることです。あなたはお金に、地位に執着しています。あなたは自分自身では空っぽです。不充分です。このすべてが生きることです。そしてあなたは、それに取りすがります。そしてそれは知られていることです。それは誰もが知っています。そして知られていないものが、死です。あなたは、輪廻転生などがあると、言うかもしれません。しかし、これがあなたの生です。あなたは、生きる間に、執着を終わらせられるでしょうか―〔すなわち〕信念へ〔の執着〕、人物へ、家族へ、観念へ、特定の伝統への執着を、です。あなたはそれを手放せるでしょうか。死はあなたにそれをさせようとしています。あなたは或る人物へとても深く執着しているかもしれません。なぜなら、あなたはさびしいし、慰めが必要であり、仲間付き合いが必要であり、一人立つことができないからです。ゆえに、あなたは人に依存しています。執着があります。そして、執着があるところ、嫉妬、心配、恐れが〔あるし〕、それから生ずる行為すべてが、あるのです―それが、断裂・腐敗です。今、死は言います―「終わらせなさい、あなたは死のうとしている」と。生きる間にあなたは、それを終わらせられるでしょうか。私の問いを理解できるでしょうか。それで、終わることは、全然新しい何かが始まることです。執着が完全に終わること、それが死です。あなたがそれを完全に終わらせるとき、全然異なった存在の次元があるのです。そのとき、死は何でしょうか。

私たちは、生きることは何であるかを―その混沌、悲惨、混乱と終わりのない格闘をともなって、です―覗きみてきました。死は何でしょうか。死は〔有機的〕組織体の〔死だけではありません〕―〔すなわち〕身体《からだ》が年老いていくこと、病気や事故、誤用されること、はてしない耽溺、感受、欲望、興奮と、次第に衰えること―だけではありません。私たちはそれを知っています。それは分かります。しかしまた私たちは、何か死ぬはずのないものがあるとも言います―〔すなわち〕魂、我（アートマン）、恒常的である何か、です。様々な信念があります。すなわち、あなたは死ぬとき、転生します。あなたたちの幾らかは、このすべてをとても深く信じ込んでいます―宗教的な慰めの道、様々な種類の概念を、です。慰めは、すべての種類の幻影、教義、儀式を洞徹する精神の理解ではありません。ですから、人には、あなたには、何か恒常的なものがあるのでしょうか。あなたに何か恒常的なものがあるなら、そのとき、次の生に生まれる可能性があります。単に輪廻転生を信じていることは、意味がありません。あなたがそれを信じているなら、そのときあなたが今、今日することが、無限に大事です。

それで、あなたには、何か恒常的なものがあるでしょうか――「私」〔に〕、「あなた」〔に〕、「私は恒常的である」と言う精神に、です。何かあるのでしょうか。または、ものごとすべては〔今、〕動いている、変化しているのでしょうか。そして、何も恒常的なものはないのでしょうか。あなたの、他の一人との関係は、恒常的でしょうか。あなたの神は恒常的でしょうか。神は、あなたの慰めのために思考によりそこに置かれたのです。〔すなわち〕あなたの日常の生の悪さから、何か貴重なもの――すなわち幻影であるもの――へ逃避するために、です。私たちは訊ねています――あなたの生には、何か恒常的なものがあるのでしょうか。家は恒常的です。海洋は、河は、山々は恒常的です。それは別として、あなたの生には、何か恒常的な、長続きする、持続的なものが、あるのでしょうか。〔固有の受け手としての〕「私 the me」、〔作り手としての〕「私 the I」、自我、私は、思考により組み立てられています。名、形態、〔個人〕特有の傾向、〔諸々の〕能力、一定の形の教育など、そのすべてが、あなたの文化・教養の結果です。何か恒常的なものがあるのでしょうか。あなたは恒常的ではありません。あなたの〔諸々の〕思考は恒常的ではありません。それらは〔今〕変化しています。常に修正しています。あなたは、自らの信念に慰めを得て、自らの信念に安全があると考えます。信念はただの言葉です。ただの観念、概念です。あなたは、その概念に避難します。(註7) それは安全ではありません。その安全は一つの形の幻影です。ですから、いかなる恒常的なものごともないのです。それを悟ることは、とても鬱陶しく、憂鬱であるかもしれません。しかし〔現実には〕そうではありません。あなたは、何も持続するものがないというその事実が見えるとき、まさにその見えることが智恵です。その智恵に、完全な安全があるのです。それは、あなたの智恵と私の智恵ではありません。それは智恵です。執着があるかぎり、断裂・腐敗があるにちがいありません。媒介なく〔直接的に〕それの真理が見えることと、媒介なくそれの終わることが、智恵なのです。智恵はあなたの〔もの〕や他の人の〔もの〕ではありません。その智恵は何か無限のものです。私たちが言いましたように、苦しみがあるところ、慈悲はありません。慈悲があるところ、そのときそれが智恵なのです。

〔講話3・訳註〕

註1) 講話2の註1を参照。

註2) that book of which we are 翻訳しにくい。

註3) if there is time and: 直訳では「時があるのかどうかと」となるが、この段階でこれほど根源的な問

いが出てくるのか疑問である。現にこの後、死の問題は出てくるが、時間の有無という問題は出てこないので、if there is time, と考えた。
註4）Is not desire the beginning of perception, seeing?「欲望は、知覚、見えることの始まりではないでしょうか」とあるが、意味を考え、あえて訂正した。
註5）testing（試すこと）とあるが、発音の類似による誤表記だと考えて、書き下ろし版の tasting を採った。
註6）then you will see that suffering がここに二回出るが、書き下ろし版にはない。
註7）take refuge は「帰依する」とも翻訳される。

精神の壮大さ

コロンボでの講話4◎1980年11月16日

これが最後の講話です。私たちは、ここで出合った過去三回、ともにじっくりと話し合っていました－人生の〔問題〕、人間存在の問題について、関係〔について〕、楽しみと、悲しみの終わることについて、です。私たちはまた、関係と、疑いの重要性、けっして受け入れないで問うことの重要性について、話をしました。今晩、私たちは〔できるなら、〕何が宗教であるのか、何が精神の壮大さであるのかの疑問に入りたいと思うのです－精神を越えて何かあるのか、または、外的にも、深くにも、思考が造り出してきたものごとだけがあるのかどうか〔という疑問に、〕です。思考は、技術工学、科学、医療の目的のために、器具として使われてきました。思考は万物・宇宙を探検してきました－金星、土星までも、です。人は月に降り立って、そこに旗を立てました。人は、宇宙空間へ、地底へ、海へ入ってきました。人は、その無量の能力を、外的な制御の方向に、行使してきました－〔例えば、宇宙〕空間を制御すること、自然、環境などを制御すること〔という方向に〕、です。人は技術工学の世界において、とてつもない能力を持っています。

しかし人は、精神の壮大[註1]さと深さに入ったことがありません。現在の意識を越えて何が横たわっているのかを、けっして問うたことがありません。私たちは、精神に横たわっている異常な〔大きな〕エネルギーを、推しはかることはできました。私たちが精神というのは、頭脳の能力、働き〔を意味している〕だけでなく、あなたの情動、感覚的応答、愛情、人間的な応答と反応をもまた、意味しています。そして、学んで忘れる〔頭脳の能力〕、記録し、知識として学ばれたことをもとに、上手にか下手にか、行為する頭脳の能力〔をも意味しているの〕です。

今晩、私たちはできるなら、精神の壮大さが何であるかを、私たち自身で見出すでしょう。それは無量の問いです。精神とその能力の無量性をとても深く探究するには、あなたは始めに、とても明らかでなければなりません――それを究明するには、絶対的な静寂がなければならないということが、です。〔すなわち、〕思考によってもたらされない静寂、報賞や処罰としてもたらされない静寂が、です。その静寂は動機を持ちません。様々な種類の静寂があります――二つの話の間の静寂、二つの音の間の静寂、二羽の鳥がさえずり、止める〔ときの〕静寂、海がまったく穏やかであるときのその静寂、訪れる夜のとてつもない感覚すべてをともなって日が沈もうとしているときの、夕暮れの静寂。人は言葉と宗教を越えたこの静寂を探してきました。人はそれを説明しよう、合理的な意味を与えようとしてきました。または、多くの世紀の布教・宣伝をとおして――キリスト教の宣伝、仏教の宣伝、ヒンドゥー教とイスラム教など〔の宣伝〕、です。それらは、人に信念を受け入れさせてきました。宗教的に条件付けてきました。そのため、人は、その条件付けを乗り越えることはほとんど不可能だと見るのです。彼はその条件をできるだけ利用します。そして、その監獄から何か空想的なイメージ、概念、理論、神学的な究明などに逃避しようとします。そして宗教は今、単に言語的な表明、標語、常なる反復になりました。〔例えば、〕「私は仏教徒である」、「私はキリスト教徒である」というのです―キリスト教世界の異なった宗派すべてをともなって、です。ヒンドゥー教での何千の神々や、イスラム世界の神、です。私たちの頭脳は重荷を負わされているので、そのため、何が真理であるかを探究する人は、明白に、どの組織された宗教にも所属できません―どの信念にも、どんな宗派の神にも、ただ一つの神にも、です。彼は自由でなければなりません―儀式すべてから、宗教的な象徴、イメージ・像〔から〕、より上の司祭者の権威などから〔自由〕です。精神は、あなたの精神は、そのように自由でありうるでしょうか。それは〔現に〕自由ではありません。なぜなら、常に安全を探し求めているからです―物理的・身体的にだけでなく、内的に、心理的に、深く、精神の奥底の中に、です。思考はいつも、何かの種類の望みを探し求めています。何かの種類の慰め、安全を、恒常性の状態を、です。そしてこの探求の中、世界中の司祭者の罠に陥ります―彼らの組織をともなって、彼らの儀式などをともなって〔いる罠に〕、です。ですから、あなたの精神はそのすべてから自由でありうるでしょうか。さもなければ、あなたは囚人です。あなたは真の人間ではありません。あなたはただ、作動している機械です。

私たち人間はいつも、知られたことから知られたことへ動いています。そして、知られたことから行為しています。〔まるで〕コンピューターのように、です。私たちの精神は、機械的になったのです。あなたは、技術者として教育されるなら、余生の間、それらの路線に沿って考えています―〔すなわち〕どのように橋、鉄道、ビルディング、航空機などを築くのか、です。またはあなたは、外科医であるなら、医療を学ぶ、次に手術するなどに十年を費やします。そして余生の間、あなたは外科医です。またはあなたは、様々な宗派の様々な宗教書を読んで、何年も何年も費やします。そして、討論の能力をもったその熟達者になりますが、それでもなお、知られたことから知られたことへ動いています。私たちの日常生活もまた機械的です―九時から五時まで会社に行きます。同じ様式を反復します。家に帰ります。セックス、けんか、野心、虚栄、迷信などです。これが私たちの生と頭脳です。私たちの精神はこれへと条件付けられます。そして、私たちは条件付けられているので、条件付け自体にある危険が見えません。

世界は〔今〕こんなに急速に技術工学では変化しています。しかし、道徳的、物理的・身体的に、私たちはやはり、かつてそうであったもののままです―おそらくほんのわずか修正され、ほんのわずか洗練されています。私たちはとても重く条件付けられています。〔例えば、〕私たちは神〔の存在〕を信じています。または、神〔の存在〕を信じていません。宗教は私たちの生にとてつもない役割を果たしてきました。ヨーロッパでは宗教戦争がありました。〔すなわち、異端の〕審問、神の名における拷問。何であろうとその名において、です。おそらく、仏教とヒンドゥー教の世界でだけ、殺すことは奨励されません―もっとも、この国、スリランカでは、あなたたちは肉を食べているし、自分自身を仏教徒と呼ぶと、私は聞かされました。ブッダは「殺すな」と言ったと考えられていました。ですから、宗教は単に見せかけです。それは実在性を持ちません。それは深さを持ちません。それはただ一連の言葉、権威です―すなわち、私たちの日常生活に全然、関係していないもの、です。これらは事実です。語り手の考案ではありません。あなたの生を見てください ― 自分は仏教徒であると言うとき、それを見てください。あなたは仏教徒ではありません。あなたはただ、仏教徒と呼ばれるラベルだけです。あなたは人間です ― すべての苦労、骨折り、混乱、悲惨、悲しさ、痛みとそのすべてをともなった、〔あなた以外の〕残りの世界と同じように、です。それで、あなたは世界です。そして、世界はあなたです。心理的に、あなたは世界ですし、世界はあなたです。その事実を悟るとき、あなたは、自らの考えること、自らの為すこと、どのように振る舞うかについて、驚くほど責任能力を持つのです。私たちは私たちの精神です。私たちは私たちの意識です。私たちの意識はその内容です ― 恐れ、痛み、楽しみ、信念等々です。その内容をともなった意識が、〔今〕私たちのあるものです。今、熟慮・冥想は内容を静めることです。熟慮・冥想は、その内容すべてをともなった私たちの意識を、空にすることです。

冥想（meditation. 熟慮）― その言葉は、熟考する、よく考えることを意味しています。どのように冥想するのかでなく、何が冥想であるかを探究している精神 ― どのように冥想するのかより、何が冥想であるかということが、はるかに重要です。チベットの冥想、仏教、ヒンドゥー、シナ、禅、すべての種類の冥想があります。各々が自らの特定の体系を持っています。自らの実践〔をともなって〕、〔例えば、〕呼吸すること、呼吸しないこと、一定の姿勢で座ること、あるべき冥想に関して思考が組み立ててきたものごとすべてを、ともなって、です。私たちは〔今〕、宗教は何であるのか、宗教的である精神は何であるかを、探究しているだけでありません。私たちはまたともに、冥想は何であるかを探究しているのです。禅の冥想、ヒンドゥー教、仏教の冥想、導師《グル》たちにより考案されたり、伝統的に説明された冥想のすべての形。それらはすべて、制御、修練、実践に基づいています。語り手にとって、このすべては冥想ではありません。あなたは一日、二十分間、冥想し、それから一日の残りの間、悪さをするかもしれません―それは冥想ではありません。あなたは、特有の冥想を持っている何か集団に、所属しているかもしれません。あらゆる種類のものごとが、冥想の名において起こっています―特に最近は、です。インドの導師《グル》たちが、この無意味なものをヨーロッパへ持っていきました。そして〔今〕彼らはそれを実践しています。いったいなぜかなのは分かりません。たぶん、もっと多くのお金を得るためや、もっと健康になる(註2)ためや、もっと記憶をよく制御できるためなど、です。

　あなたは、もし親切に聞いて、冥想は何であるか、宗教は何であるかの問いに入ってくださるなら、語り手がしばしば繰り返してきた、たぶん〔語り手が〕考案したあの物語を、思い出すかもしれません。二人の人が、通りに沿って歩いていました。すべての木々と木陰ときれいに築かれた壁とそのすべてを、見ていました。彼らは歩いていました。そのうちの一人が何かを拾い上げ、それを見ます。即時に彼の顔は輝き、驚くほど美しく、より明晰になります。一定の威厳、祝福の感覚を帯びます。そして〔同行していた〕友だちは言います―「君に何が起こったのですか。君が拾い上げたものは何ですか」と。そして〔何かを拾った〕友だちは言います―「それは真理だと思う。少なくとも、その一部だ。私はそれを取っておこう。」と。それで、彼はそれをポケットに入れます。〔同行していた〕友だちは言います―「僕は君を手助けできると思う。僕らはそれを組織しはじめられるよ。」と。あなたはこの〔話の〕意味を理解したでしょうか。宗教的な精神の深みと意味を〔今〕探究している人は、どの集団やどの組織にも、どのいわゆる宗教的な組織にも、所属していません。あなたは今、それらすべてを放棄できるでしょうか ― 明日ではなく、「それについて私は考えましょう」と言うのではなくて、です。〔そう言う〕そのときあなたは、けっしてそうしないでしょう。

正覚（さとり）は時の〔何か〕ではありません。正覚は、何年もの実践をとおし、何年もの放棄をとおし、何年もの苦行をとおして、訪れません。時は、宗教的な精神にとって居所がありません。世界のあらゆる人間が、「楽園（パラダイス）のあの状態を達成し、楽園のミルクを飲むために、私に時を与えてくれ。」と言います。私たちは〔今〕、行為は知覚であると言っています ― 見えること、そして無媒介に〔直ちに〕行為することです。その発言を説明しましょう。〔例えば、〕執着は断裂・腐敗へとつながるというような発言をします。それは、語り手によってなされた発言です。あなたはそれが聞こえます。あなたは執着しています。そしてあなたは、「もちろんです」と言います。しかし、それは必要であるし、あなたは執着しています。なぜなら、あなたはさびしいし、慰めとその他すべてがほしいからです。今、あなたは聞こえるとき、敏感で鋭敏であり、見守っているなら、まさにその知覚の動き・瞬間が ― すなわちそれは真理です ― 行為です。それは、執着すべてを即座にあきらめることです。それが〔読みとく〕智恵です ― 討論できる〔ずるい精神〕、様々な見解、教義を差し出せる、接近〔方法〕を〔指示し〕方向づけるずるい精神、ではありません。〔討論できることなど〕そのすべては、智恵ではありません。智恵は見えることです。例えば、国家主義・民族主義が世界での毒であることが見えること、それの真理が即座に見えること、そして国家主義・民族主義から自由であることです。行為におけるその自由が智恵です。その智恵は、あなたのや私のではありません。それは、行為において作動している真理の智恵です。それで、熟慮・冥想は、度量すべてからの自由です。

私たちの精神はいつも測量しています――より多い、より少ない、より力強い、より力弱い、貪欲である、またより貪欲でない、と。そしてまた、冥想・熟慮は、度量をも意味しています。精神は、測量から自由でありうるでしょうか――すなわち比較、模倣、順応から、です。測量なしに、技術工学の世界は存在できません。西洋の全体は、古代ギリシャの知性により支配されています。彼らにとって測量は、絶対的に探究の手段でした。あなたたちの精神は今、測量から自由でありうるでしょうか――より多いもの、より少ないもの、あるべきものとあるべきでないものから、です。そのため、度量としての思考の動きがないように、です。あなたが精神を向けるなら――すなわち、あなたの聞こえること、見えること、学ぶことを、です――そのとき、あなたの生が測量に基づいていることが、見えるでしょう。野心は測量です。愛着（affection）は測量になりました。愛（love）は度量を持ちません。しかし私たちは、愛が何であるかを知りません。私たちは楽しみ、欲望・願望を知っています。しかし、欲望・願望と楽しみは愛ではありません。今あなたは、その発言が聞こえます。そして問いはじめます。あなたは楽しみ、欲望によって生きます。あなたは性的活動の映像を持っています。あなたはそれを手放せません。それであなたは、「これはそうなのでしょうか。どうしてあきらめられるのでしょうか。」と言います――それは、あなたが実際には聞いていないことを、意味しています。あなたは、あきらめたくないのです。または、あなたはそうしない理由を見つけます。あなたは〔今〕、聞く行為から動いて離れつつあります。そして、冥想は測量のない動きである、と語り手は言います。それの美しさが理解できるでしょうか。精神の静寂は測量不可能です。測量不可能なものが訪れうるのは、精神が、唯一つの思考の動きもなく絶対的に静かであるときだけです。それは、あなたが自らの意識の内容を理解したとき、起こりうるだけです。

私たちは、私たち自身にとても深く入って、一目で内容を見ることが、できるでしょうか——少しずつではありません。それは、注意を必要とします。語り手が注意と言うとき、あなたはそれが何であるかを知りたいと思います。彼はそれを説明しなくてはいけません。しかし、あなたたちの精神が鋭敏であるなら、あなたは注意が何であるかを即座に知るでしょう。あなたは注意を育成できません。集中を育成できます。集中は、特定の点に、思考のエネルギーの焦点を合わせる（フォーカスする）ことです——すべての侵入に、方向づけに抵抗し、一点に焦点を合わせつづけることです。それが一般的に集中と呼ばれるものです。注意と集中の間の違いが、分かるでしょうか。私たちの精神は、集中するよう訓練されてきました。それがあなたに報酬を与えてくれるか、痛みを回避するのを助けてくれるかぎり、あなたは集中します。すなわち、思考の焦点を一点に合わせるなかで、あなたは、思考の、他のあらゆる動きを、捨て去らなくてはいけません。あなたその思考はいつも押し入っています。あれに集中したいのですが、思考はさまよいます。あなたは、それを引き戻さなくてはなりません。それで、常なる格闘があるのです。制御する者と制御されるものがあるのです。制御者は、思考は注意深くなければならない、集中しなければならない、これをしなければならない、あれをしてはならない、といつも言っています。制御する者と制御されるものとの間に、分割があるのです。あなたは、本当にそれを理解するなら——言葉としてでなく、知的にでなく、それの真理が、〔すなわち〕制御する者は制御されるものであることが見えるなら、葛藤が全的に終わることが、分かるでしょう。思考はそれ自体を、制御する者と、彼が制御するであろうものとに、分割してきました。それはやはり思考です。この点は明らかであってください。〔例えば、私は〕怒ります。そのとき思考は言います——「制御しろ。怒るな。」と。その怒りは、思考と異なっているのでしょうか。あなたが怒りです。あなたは怒りと異なっているということではありません。これは明らかでしょう。ですから、制御する者は、思考によって築かれてきました——〔すなわち、〕自らが上位である、自らは思考とは〔異なっている〕、制御されるものとは異なっている、というこの伝統を育成してきた思考〔によって〕、です。いま、あなたがそれを観察するなら、制御されるものは制御する者です。思考はさまよってしまいます。そして思考は、「私は制御しなければならない」と言います。ですから、思考は制御する者です。しかし、制御する者はありません。あなたが理解しないなら、それはとても危険な発言です。語り手は、自らの情動、自らの思考、それらすべてを、けっして制御したことがありません。なぜなら、まさしく最初から彼は、制御する者は制御されるものであることが、見えたからです。分割があるとき、葛藤・抗争があるのです。

熟慮・冥想は葛藤ではありません。それは、あなたが制御しなければならないということではありません。それは、あなたが測量しなければならないということではありません。それは、あなたがこれやあれをしなければならないということではありません。あなたが自らの家を秩序立てるなら、その冥想は自然に訪れます ― それは、あなたに葛藤・抗争がない、という意味です。その一つの陰も〔ないの〕です。これは人間の精神に、計り知れない挑戦を問うことです。それで、冥想は測量すべてが終わることです。〔固有の受け手としての〕「私（the me）」が存在するかぎり、測量は存在します。〔すなわち、作り手、受け手としての〕「私（the I, me）」が、私のイメージをともない、私の傷をともない、私の虚栄をともない、私の野心、恐れとそのすべてをともなって存在するかぎりは、です ― 思考によって組み立てられた、〔受け手としての〕「私（the me）」が、です。その「私」が存在するかぎり ― それは測量の中心です。それは葛藤・抗争のまさしく中心です。それが存在するかぎり、冥想はただ、さらなる幻影、さらなる悪さにだけ繋がります。それは意味がありません。ですから、〔固有の受け手としての〕「私（the me）」の終わることが、英知と熟慮・冥想の始まることです。

ご存じでしょう。私たちはいつも精神の平和を求めています。精神の平和はありません。平和は、暴力の全体的欠如があるときだけ、存在します。あなたが野心的であるなら、暴力があります。これらはすべて事実です。それにお入りください。あなたが、宗教的、民族的・国家的、その他の集団に所属しているなら、暴力があります。あなたの関係には、暴力があります。それで、家を秩序立てることが、本当に真剣であり冥想の究明に参与している人の第一の責任です ― それは、彼が健康な身体《からだ》を持たねばならないことを、意味しています。〔有機的な〕組織体は、精神に対して影響します。あなたが重くて訓練されていない身体を持ったなら、あなたの精神もまたかなりものぐさになります。これらはすべて〔ありふれた〕共通の事実です。そのとき私たちは、何が宗教であるかを探究しはじめます。私たちは、〔自由という〕その言葉のその深い意味において自由である精神が、宗教的精神であることを、見つけるかもしれません。宗教的精神は問題を持ちません。

みなさん、あなたたちは問題でいっぱいです―家では家族と、〔会社などの〕事務所にいるとき、〔選挙で〕この人物かあの人物に投票すべきであるかと、そのすべてでです。あなたはそんなに多くの問題を持ったのです。問題は、解消されていない主題を意味しています。すなわち、あなたが子どもの頃から傷ついてきたなら―私たちのほとんどがそうであるように、です―内側は傷つき、その傷を私たちは余生の間、運んでいくし、それはものすごい問題になります。なぜなら、その傷には、恐れ、孤立、回避、引きこもり、そして、もっと多くの恐れが、伴うからです。それは問題です。何が傷つくのでしょうか。傷つくものは、あなたが自分自身について築いてきたイメージです。あなたは、イメージを―〔それが〕高尚でも、下劣でも―持っているかぎり、傷つくでしょう。あなたが他の人やあなた自身についてイメージを造り出すということは、事実です。なぜなら、そのイメージに一定の安全が見つかるからです。あなたは、思考が造り出したイメージに安全を見つけます―〔思考が造り出したということ〕これは、そのイメージにそもそも安全がないことを、意味しています。しかしあなたは、そのすべてを探し求めます。今、あなたはその発言が聞こえ、イメージが断裂・腐敗であることが見えます。それが聞こえるし、それを終わらせます。それが至高の智恵の行為です。正気の人、智恵ある人は、毒が、危険が見えるし、それを即時に終わらせます。

それで私たちは、何が宗教であるかを、訊ねています。人はいつも、この生を越え、時を越え、測量すべてを越えた何かを、探し求めてきました――いわゆる永遠、真理、不滅、真に度量の無い何か、名のない何かを、です。「私はあなたをそれへと導くだろう」と言う人々が〔これまでに〕、いました――〔すなわち、〕「私たちは知っている。彼らは知らない」と。これは、司祭者が権威を帯びた〔、または決めてかかった〕古代の日々から、そうであったのです――〔すなわち〕自らは知っているが、素人はそうでない、と。古代エジプト人は、位階の司祭者制度があったとき、こうしました。そして、私たちは今、まさに同じことをしています。私たちは、名のないもの、言葉を持たないもの、形を持たないもの、万物・普遍（universe）と呼ばれるものを、見つけたいのです。そしてあなたがやって来て、「私があなたをそれに導きましょう。あなたにはできないということを、私は知っています。」と言います。それで、「私は知っている」と言う人には、気をつけてください。

神聖な何かがあると人が言った地点へ、私たちはやって来ました――迷信ぶかい人ではなく、真剣な〔人が、〕です。迷信ぶかい人は、手や精神により作られた像・イメージを、崇拝します。迷信ぶかい人は、一定の儀式・しきたりに従い、教義、組織された位階制度の権威、そのすべてを、受け入れます。あなたがそのすべてを払いのけられるなら――それは内的に完全な自由を意味しています。それは、いかなる心理的な問題をも持たないことを、意味しています。それは、あなたがものすごい心理的エネルギーを解放したことを、意味しています。あなたは、私が何を言っているかを理解できるでしょうか。私たちは、物理的・身体的なエネルギーを持っています――すなわち、あなたが毎日〔会社などの〕事務所に行くとき、現れるもの、です。あなたは、橋を架けるため、物理的・身体的に何でもするために、ものすごいエネルギーを持っています。しかし、心理的に私たちは不具の者です。なぜなら、私たちはけっしてそれに入ったこと、問うたこと、観察したことがないからです。そして、問題すべてからの自由がないのであれば、全然、自由はありません――心理的に、心理・精神（psyche）のまさしく構造に、です。静寂はそのエネルギーです。静寂はその空っぽ〔な状態〕です――あなたの〔考える〕精神（mind）の内容すべてについての空っぽです。「どのように」はなく、方法はないのです。方法と体系はすべて思考の考案物です。ゆえにそれらはすべて制限されます。ゆえにそれらはまったく良くありません。あなたはこれを理解する、分かるなら――どの体系もけっして精神を自由にできないという真理が、です。あなたはそれが見えるとき、即座に自由があるのです。宗教は、たいへん聖なるもの、名を持たないもの、絶対的な真理〔であり〕、すべてのものごとの起源であるもの〔の覆いを取り除いて、それ〕を、明らかにすることです。

私たちはまた、何が愛であるかを探究しなければなりません。愛は楽しみではありません。愛は欲望・願望ではありません。それを見つめてください。それに入ってください。見てください。それの真理が見えるとき、無量の美しさがあるのです。嫉妬、依存、執着、そのすべてにより触れられたことのない愛があるところ、そのとき、智恵である愛と慈悲が、あるのです。精神はそのとき度量すべてを乗り越えられるのです。すなわち、科学者たちは、万物・宇宙を探検しています。天体物理学者たちは、〔宇宙〕空間を探検しています―思考をとおし、測量をとおし、望遠鏡をとおし、星の常なる観察などをとおして、です。彼らは、何がこのすべて、万物・宇宙（the universe）[註3]の起源であるかを、見つけようとしています。それは、外的に、広大な〔宇宙〕空間などへ入ることです。しかし人は、めったに内的に入ったことがありません。そこには、無量の測量不可能な万物が、見つけられるのです―すなわち、この万物・宇宙、です。そのためには、あなたの精神に広大な空間がなければなりません。そのすべてが熟慮・冥想です―初めに家を秩序立てるのです。完全な秩序、です。そのため、葛藤・抗争、度量が無い〔ように〕、そして、その家に愛があるように、です。そのとき、その意識である精神の内容、〔固有の作り手としての〕「私（the I）」、〔受け手としての〕「私 me」、「あなた」は、全的に空っぽにされるのです。そのとき、あなたがそれほど遠くに行ったなら、そのとき、〔何かが何かに〕なるということはありません。なることはやはり度量です。精神はそのとき全的に、絶対的に静かです―いくらかの期間や、いくらかの時の長さの間ではありません。その状態が静かであることです。その静けさの中から、あなたは思考へ応答し、思考を活用することができます。それはいつも、その内容すべてについて、静けさと空っぽの状態にあるのです。あなたがそれほど遠くへ行ったなら、そのときあなたは知るでしょう。そのとき、永遠であり、名のないものが、あるのです。

〔講話4・訳註〕

註1）magnitude; この言葉は我が国では地震の規模を表す言葉として有名であるが、基本的に size（規模、大きさ）を科学的、数学的に表現する。例えば the magnitude of a star（星の等級）、the magnitude of an angle（角度の大きさ）というように。

註2）get more health とあるが、get more healthy と読んだ。

註3）多様性を持ちながら統一された全体を意味する。

訳者の後書き

本著は、二〇世紀の偉大な哲人ジドゥ・クリシュナムルティ（以下、K）が、一九八〇年十一月、八十五歳のときスリランカに招待されて、当時の首都コロンボにおいて行った全四回の講話の記録です。今回の翻訳には、J.KRISHNAMURTI 1980 SRI LANKA TALKS（Krishnamurti Centre, 1984）を底本として使用しました。これはKのインド財団により出版されたものです（たぶん一九八五年末から八六年初めのKの講話を聞くために訪れたマドラス（現チェンナイ）のK財団で購入したように思います）。現在の改訂版については分かりませんが、誤字や文法的におかしな個所が幾つか見られます。また、これら四つの講話は現在、www.Jiddu-Krishnamurti.netにも掲載されています（以下、「書き下ろし版」と呼ぶ）。後者は編集以前の書き下ろしであり、分量もかなり多いものです。私たちは先に、編集以前の生の講話の書き下ろしを厳密に直訳する形で提供しましたが、今回は、手に取りやすいものを多くの人に提供しようということで、前者の編集本に基づく簡略な和訳としましたが、疑問の残る個所では後者を参照しました。本文には、英語の語源なども勘案して、これまで通り〔〕に意味合いなどを補っています。邦題は、第一章、第二章の内容を参照しました。

内容については、出版本に各々の講話が、第一章 Life is Relationship and Action「生は関係と行為である」、第二章 The Book of Life「生の書物」、第三章 Desire, Pleasure, Sorrow and Death「欲望、楽しみ、悲しみと死」、第四章 The Magnitude of the Mind「精神の壮大さ」とされています。これらは英語版の編集者によるものですが、妥当なものと言えます。各章の内容は繰り返し出てくる事柄もあるし、最終的には文言にすぎないとも言えますが、書き下ろし版でのK自身の言葉をも参照し、さらに詳しくまとめるなら、次のとおりです。

第一回の講話は、これは語り手による指導ではなく、ともに歩んでいること。人間存在の問題、すなわち関係と行為、恐れ、楽しみ、苦しみとそのすべてである私たちの生の本性。恐れは完全に終わらせられるのか。私たちの関係におけるイメージ形成と安全への欲求。思考は機械的であること。人類の物語すなわち広大な経験、深く根づいた恐れ、心配・切望、悲しみ、楽しみ、人が蓄積してきた信念すべてが、あなたにあること。あなたはその書物であること。その書物を読むことは芸術であること。問題の解決方法を外に求めるべきではないこと。現在の断裂、腐敗し、破壊的な社会は私たち一人一人がもたらしたこと。社会の構造に根源的変化をもたらすには、自己という書物を丁寧に見守り、読まなければならないこと。疑い問うことが重要であること、といったことです。

第二回の講話は、聞く芸術、見る芸術、学ぶ芸術についてです。聞くことは解釈することではなく、自己の反応をも聞くことであること。見ることは、言葉とそれを越えて見ること。私たちは、経験、知識を通じて記憶を蓄積する循環に生きているが、学ぶことは蓄積ではないこと、といったことです。

第三回の講話では、欲望・願望、楽しみ、苦しみの本性。美しさ。悲しみ。死。何か恒常的なものがあるのか。愛と慈悲。苦しみがあるとき、慈悲がないこと。慈悲があるとき、その特有の智恵があること、といったことです。

第四回の講話では、宗教は何か。精神の壮大さ。思考の造ったものごとを越えて何かあるのか。制御するものと制御されるものは一つであること。静寂とは何か。宗教とは何か。測量からの自由。意識の内容を空っぽにすること。「私」の終わること。宗教は、聖なるもの、名のないもの、万物の起源を発見することである、といったことです。

スリランカ（かつては「セイロン」と呼ばれた）は、現在、人口二千万人ほどで、民族の構成は、シンハラ人が約75パーセント、タミル人が約15パーセント、ムーア人（イスラム教徒）が約９パーセントです。言語は、シンハラ語、タミル語を公用語とし、英語が広く使われます。宗教人口も複雑であり、現在では、上座部（テーラヴァーダ）仏教が70パーセントほど、ヒンドゥー教が12パーセントほど、イスラム教とキリスト教（カトリック）がいずれも10パーセント弱です。

この国は、インドの南の洋上にあって古くから交易の重要な中継地でした。紀元前三世紀に仏教が伝来して栄えましたが、異民族の移住、侵略が繰り返されました。仏教教団も数回、断絶し、再輸入されています。かつては大乗を兼学する派もありました。一六世紀以降はヨーロッパ諸国の植民地支配を経て、一九四八年にイギリスから独立しました。最大民族シンハラ人の、一九世紀末からの民族意識の覚醒は、自らの伝統でもある仏教の再興とも結びつきました。西洋の文明が圧倒的優位であり、東洋のそれは単なる迷妄と考えられていた時代にあって、植民地支配や人種差別と結合したキリスト教と比べたとき、その合理性、科学との斉合性において仏教のほうが優れているとの声が、上がり始めたのです。これを推進したのが、神智学協会（当時のセイロンでは仏教神智学協会とも呼ばれた）の人たちでした。ロシア出身のブラヴァツキー夫人とアメリカ出身のオルコット大佐は、一八七五年ニューヨークで神智学協会を創設してまもなく、一八八〇年セイロンを訪れて、仏教に改宗しましたが、このような動きの中で、仏教神智学協会の人たちは、仏教日曜学校の創設を含めて幅広く活動しました。ゴンブリッジ著、森祖道、山川一成訳『スリランカ上座仏教史』（2005）によると、この活動は、カーストの制限などとも結びついた保守的なサンガ（仏教教団）とは別に、プロテスタントの宗教観に影響された改革派仏教であり、都市部の新興中産階級の在家仏教者たちにより支持されました。これは、シンハラ民族主義とも結合したために、後の紛争（一九八三年からの事実上の内戦は、二〇〇九年にようやく終息した）にもつながる不幸な側面がありましたが、思想、文化を自分たちの手に取り戻そうとする運動が、やがて自治、独立への流れを造り出したのです（ちなみにインドでも、神智学協会の会長でKの養母ベザント夫人は、マハトマ・ガンジーたちのインド国民会議派の議長を務めています）。当初、スリランカの上座部仏教教団とも協力しましたが、思想上で神智学協会の折衷主義とは相容れず、別々の道を行くことになりました。しかし、このような経緯もあって、神智学に関係する人たちが少なくなかったのです。

また、神智学協会本部は一八八九年に南インドのマドラス（現チェンナイ）のアディヤールに移動し、第二次大戦後に創設されたKのインド財団本部も、距離的にその近くにあるので、Kも若い時代より何度も、スリランカを訪問して公開講話を行っており、交流が続いていました。伝記類を調べてみると、Kは一九三九年三月にコロンボを訪問して講話をしていますが、そのとき私信において、講話に多くの人が集まること、新聞が大きな関心を示していることに驚きを記しています。一九四九年十二月から五〇年一月にもコロンボを訪問し、五回の講話、二回のラジオ放送を行っています—コロンボ大学での講話では、Kの若き日の「世界教師」の噂のために当初一部の学生に強い反発もあったが、Kの謙虚な対応、真摯な回答もあって、空気が一変したと言われています。一九五七年一月の訪問でも、五回の講話がすべて政府により放送されました—このときもKは私信のなかで、「とほうもないことです。なぜ彼らがそうしたのか分かりません。」と述べています。

本著に収録された一九八〇年の講話のとき、Kはスリランカ政府より国賓として招待されています。当時の首都コロンボのジョン・デ・シルヴァ記念ホールで行われた四回の講話は、シンハラ人、タミル人、僧侶、普通の人、大臣、会社員をも含めて、三千人以上の聴衆を集め、すべてラジオで全国放送されました。さらに、仏教僧侶との対話集会、大統領との茶会、首相との会談、諸大臣との面談もあり、報道機関との数回の会見も行われました。

冷戦時代のソヴィエトでKの本は禁止されていたし、現在でも中東のイスラム圏の幾つかの国では禁止されているのと比べると、なかなかの厚遇です。おそらく、仏教が国教に近い地位にあるこの国では、初期経典の言葉とKの言葉が、その簡潔さ、根源性においてきわめて近いと認識されたのではないかと思われます。また、仏教はシンハラ人と深く結びついているので、忌避するであろうタミル人にとっても、Kは「仏教者」ではない上に、自分たちと同じドラヴィダ系であるといった認識があったのかもしれません。

今回の翻訳の経緯としては、八年ほど前に内藤さんが京都でのKの読書会（平成元年一月から継続）に参加しました。初参加のとき、大変わくわくしたそうです。そういう気持ちもあったせいか、二人でこの翻訳に着手しました。内藤さんは家庭の事情で高校を中退し、三〇年以上、英語と縁がありませんでしたが、もともと勉学好きという性格もあり、世の中には真理を語った人が誰かいるだろうと思って図書館で内外の名著を読んでいたというような人でもあるせいか、高校生用の文法書と英和辞書により準備をし、藤仲が単語、文法を解説しながら翻訳し、内藤さんがそれをファイルに整理しました。少しずつ進んで、全四回を終わらせましたが、藤仲も多忙のため、しばらく放置していました。しかし、二〇一四年末より、少し余裕ができたので、旧稿を見直し、完成させました。

私たちはいつも自らの経験と知識に基づいて自己中心的に考え、語りつづけているので、外的なこと、機械的なことは別にして、話し合いなどはありえないようにも思われます。しかし、今回は幸運があって、話し合い、協力し合うことができました。つたない翻訳ではありますが、またいつかどこかで誰かに出会い、話し合い、協力し合える幸運につながることを、願っています。

二〇一五年三月

著者略歴

ジドゥ・クリシュナムルティ (Jiddu Krishunamurti)

1895 年、南インドのタミール・ナドゥ州の、マダナパリに生まれる。
15 歳のとき、神智学協会の指導者によって、来たるべき「世界教師」の器として見出され、「星の教団」の指導者になる。
1929 年、真理は道なき土地であり組織できない、として教団を解散。
それ以降、世界を旅し、講演、執筆に専念する。
同時に、教育に情熱を傾け、インド、イギリス、アメリカに独自の学校を創設。
1986 年、死去。

訳者略歴

藤仲孝司（ふじなかたかし）

1963 年、広島県に生まれる。
1987 年、京都大学卒業。
著書、訳書
クリシュナムルティ『子供たちとの対話』（1992）
『ツォンカパ　中観哲学の研究 』（III 、IV、V　2001、2002，2003 共著）
クリシュナムルティ『知恵のめざめ―悲しみが花開いて終わるとき』（2003 共訳）
ツォンカパ『悟りへの階梯―チベット仏教の原典『菩提道次第論』』（2005 共訳）
『ツォンカパ　菩提道次第大論の研究』（I, II 2005, 2014 共著）
クリシュナムルティ『花のように生きる―生の完全性』（2005 共訳）
ガムポパ『解脱の宝飾―チベット仏教成就者たちの聖典『道次第・解脱荘厳』』（2007 共訳）
クリシュナムルティ『智恵からの創造―条件付けの教育を越えて』（2007 共訳）
『チベット仏教　論理学・認識論の研究』（I、II、III 、IV　2010, 2011, 2012, 2013 共著）
クリシュナムルティ『明日が変わるとき―クリシュナムルティ最後の講話』（2010 共訳）
クリシュナムルティ『静けさの発見』（2013）
編著　『ツォンカパ　中観哲学の研究 VI 』（2009）

内藤 晃（ないとうあきら）

1960 年、京都市に生まれる。
クリシュナムルティ『静けさの発見』（2013）
中学時代に余命を宣告され、死の恐怖に直面する。
苦しみを持つ人の友になることを志し、活動している。「無名校」世話人。

生の書物

2016年4月1日　初版第1刷発行

著　者　J・クリシュナムルティ
訳　者　藤仲孝司　内藤 晃

発行所　UNIO
〒602-0805 京都市上京区寺町今出川上ル桜木町 453-12
電話 (075)211-2767　郵便振替 01050-2-36075

発売元　(株)星雲社
〒112-0012 東京都文京区大塚3丁目21番10号
電話 (03)3947-1021　FAX (03)3947-1617

ISBN978-4-434-21796-8